GREETINGS
FROM

LO
TERCIARIO

RAQUEL
SALAS
RIVERA

PARA PUERTO RICO

NOTA SOBRE LA TRADUCCIÓN

los títulos de estos poemas provienen de la traducción *del capital*
de marx que fue realizada en el 1976 por pedro scaron. publicada
por siglo veintiuno editores, esta traducción era una parte
clave de los programas de formación política de la izquierda
puertorriqueña durante los años 70 y 80.

karl "carlitos" marx, pedro scaron y rsr

LA INTRODUCCIÓN: RAQUEL SALAS RIVERA: LA POÉTICA DE LA INVERSIÓN RADICAL

lo terciario / the tertiary de Raquel Salas Rivera nos llega en la primavera del 2018, luego del "otoño más largo" (78), cuando el Huracán María devastó al archipiélago de Puerto Rico y otras áreas del Caribe. Aunque llevo dos décadas viviendo en Nueva York y sus alrededores, nací y me crié en Puerto Rico, por lo cual este libro caló particularmente hondo. Lloré y me conmoví ante su claridad lírica y política, y me ayudó a hallar un lenguaje personal y colectivo afín con el dolor, la rabia y la pérdida que llevaba adentro. El último poema de *lo terciario / the tertiary*, el único escrito tras el paso del huracán, nos exhorta a luchar por medio de una inversión calibanesca, antropofágica:

¡caníbales, este es un llamado!
¡devoremos los corazones de nuestros benefactores!
¡a falta de pan, cocinemos los deditos finitos de los humanitarios
para quienes somos crisis!
[...]
¡la ayuda que nos hace falta es la libertad!! (79).

A simple vista, *lo terciario / the tertiary* es un libro cuyo "tema" es PROMESA, la ley federal estadounidense del 2016 que estableció una junta de control fiscal neocolonial para reestructurar la deuda de Puerto Rico. No obstante, el libro de Salas Rivera desafía acercamientos temáticos y moviliza una serie de inversiones tácticas que complican la noción de poesía política.

La primera inversión es lingüística: *lo terciario / the tertiary* no es solamente un texto bilingüe que nos obliga a "invertir" el libro para leer en ambos idiomas sino también un triunfo para la escritura translingüe en cuanto usa la autotraducción como manera de teorizar la deuda del lenguaje con el cuerpo, el déficit que implica toda traducción. A su manera insólita, *lo terciario / the tertiary* es también un manual táctico de "translenguajeo" radical (sigo a Ofelia García y Li Wei en su *Translanguaging: Language, Bilingualism and Education*, 2013). Lxs que vivimos en el translenguajeo no somos los sujetos bilingües idealizados que dominan lenguajes autónomos y bien definidos, sino lxs que confrontamos de forma creativa las rugosidades y los "cráteres de la comunicación" (García y Wei, 16). Nuestro translenguajeo refleja la inscripción de lenguas en nuestrxs cuerpxs en un contexto de desigualdad: "the expanded complex practices of speakers who could not avoid having had languages inscribed in their body, and yet live between different societal and semiotic contexts as they interact with a complex array of speakers" (18). Susodichas estrategias son cruciales para nosotrxs lxs boricuas, que llevamos siglos deformando la norma ("transing the standard," Gloria D. Prosper-Sánchez, 2007) del inglés y español que nos impuso el imperio. Lo no-binario aquí tiene que ver también con la lengua: con rechazar el binario inglés-español que reinscribe lo que Édouard Glissant llama las lenguas "vehiculares" del imperio (*Poetics of Relation*, 1997, 116), y con ubicarse dentro de una constelación de lenguas no-oficiales, fugitivas, las de la supervivencia, la lucha, el goce y el placer. (Si estás leyendo esta poética de lo terciario en español, recuerda que tu lengua no deja de entrometerse con lo ario.)

Le segunda inversión es política con P mayúscula, aunque inseparable de las peripecias de la traducción, específicamente la icónica traducción de *Das Kapital* de Karl Marx que hiciera Pedro Scarón en 1975-76, tan influyente entre la izquierda puertorriqueña de ese entonces y a través de Latinoamérica. La traducción de Scarón es un intento de edición crítica que busca desenmarañar las diversas versiones del texto de Marx así como su entramada poética de auto-revisión; en ese sentido Scarón mismo es un modelo para la praxis de (auto-)traducción (abierta pero crítica) de Salas Rivera. La escritura de Salas Rivera nos conmueve mientras va indagando la relevancia del Marx de Scarón (y de una tradición marxista boricua fuertemente cis-hetero-patriarcal) para nuestro Puerto Rico actual de ecocidio extractivista y austeridad neoliberal. Recordemos que el Marx de Scarón se publica en la alborada del neoliberalismo (si bien con una editorial llamada Siglo XXI). Recordemos también que el pensamiento de Marx ha sido visto como una "inversión" materialista del idealismo de Hegel y que la historiografía y teoría caribeñas de corte anti/postcolonial han propuesto varias subversiones/re-inversiones de Marx y Hegel (ver a C.L.R. James, *Notes on Dialectics: Hegel, Marx, Lenin*, 1969).

El capitalismo del 2019 no es el de los 1970s, por lo cual pudiéramos coincidir con el marxista italiano Franco "Bifo" Berardi en que, ante la vertiginosa e inmaterial fábrica semio-capitalista, nos urge la poesía, entendida como "estribillos que desenmarañan a la existencia singular del juego social de la competencia y la productividad" (*The Uprising: On Poetry and Finance*, 2012, 146, mi traducción). No obstante, lo que propone Berardi huele bastante a romanticismo trasnochado, con su enfoque en el individuo y la visión lírica. Más cerca de Salas Rivera está tal vez Sayak Valencia, para quien la alternativa al "capitalismo gore" violento, patriarcal y espectral de nuestros tiempos se halla en liberar al cuerpo de los discursos mediáticos que lo espectralizan; en resemantizar el cuerpo; y en resignificar el espacio público con multitudes queer (*Capitalismo gore*, 2010, 198).

Le tercera inversión es pues política con p minúscula (no hay de otras). Somos, a lo Valencia, nuestras multitudes espectrales. Tiene que ver con género y sexualidad pero eso es solo parte. *In-*

vertido/a es una manera insultante de decir "gay" (como "queer" otrora pero animado por la normatividad de género). Pero el verdadero insulto en este libro es *inversión o inversionista*, ya que *lo terciario / the tertiary* denuncia sin trabas a los inversionistas en y arquitectos de la austeridad boricua, tales como David Skeel (68), miembro de la junta de control fiscal y profesor de leyes en la Universidad de Pennsylvania en Filadelfia, ciudad adoptiva de Salas Rivera; Jason Bennick (12-13), director ejecutivo de una compañía de software e inversionista en bonos de Puerto Rico; y la clase política de Puerto Rico (en parte afiliada al Partido Demócrata de los EEUU) que ha facilitado o se ha beneficiado del desmantelamiento de nuestro archipiélago y de su reemergencia como escenario de especulación y especularización. Todo este teatro neoliberal se monta sobre la hegemonía blanca, ya que puertorriqueñxs mayormente de élite y de piel clara protegen su privilegio alineándose con políticas de austeridad ideadas por y para las élites blancas de los EEUU. Salas Rivera incluso hace ecos sarcásticos de Mao y juega con lo cuir como "importación imperialista" (67), también ironizando los lenguajes del (neo)liberalismo gringo, con sus "talleres sobre la / diversidad" y la belleza de otras culturas (67). Desde la perspectiva "invertida" del sujeto colonial cuir, Salas Rivera confronta la distopía inversionista del Puerto Rico contemporáneo— "en mi sueño, reparten el mar entre inversionistas" (61)—mientras despliega inversiones metafóricas deslumbrantes ["prisiones de erizos y corales rojos" (62)] que nos liberan de la lógica colonial.

El liberalismo buena-gente no puede hacerle frente a la precariedad de la vida en el Puerto Rico post-María, donde todo el mundo está "en una fila interminable / bajo un calor sin agua potable" (78). La poética de Salas Rivera no es seudo-izquierdosa testimonial sino la de una escritura compleja que remezcla elementos líricos, narrativos, transcreativos y autoetnográficos desde la perspectiva de una persona nacida y criada en Puerto Rico pero situada en los Estados Unidos continentales y desempeñándose de forma translocal en diversas comunidades de poetas y activistas. *lo terciario / the tertiary* es parte clave de una importante pero poco conocida historia poética puertorriqueña del siglo XXI que se posiciona en contra de la austeridad, y que incluye poemarios tan variados y conmovedores como *Barrunto* de José Raúl "Gallego" González (2000) y *Periodo especial* de Nicole Cecilia Delgado (2019). Tal y como la propuesta feminista decolonial de Delgado, la obra de Salas Rivera se ubica dentro de un marco post-Vieques, en cuanto las movilizaciones populares que sacaron a la marina estadounidense de Vieques, isla puertorriqueña que la marina había ocupado desde la Segunda Guerra Mundial, galvanizaron a toda una generación de jóvenes que se hallaba frustrada con lo abstraído de una política anticolonial aferrada eternamente a la cuestión del "estatus" de Puerto Rico. En las últimas dos décadas, esta energía popular ha dado nuevo aliento a movimientos de justicia social para las mujeres, las comunidades LGBTQ+, afrodescendientes y dominicanas en Puerto Rico, y a luchas en contra del desplazamiento comunitario y en favor de los derechos ambientales, y animó también a las huelgas y los movimientos estudiantiles en la Universidad de Puerto Rico. (La UPR tiene una larga historia de activismo y de represión, la cual precede la austeridad de las últimas décadas y el actual desmantelamiento antidemocrático de la educación pública a manos de la junta fiscal.) Salas Rivera captura con lucidez estas diversas luchas (en varias de las cuales ha participado activamente) y su obra enfatiza la interdependencia entre las mismas, brindándole una crucial perspectiva interseccional al marxismo boricua ante sus malestares.

Si bien *lo terciario / the tertiary* emerge en el contexto de dos décadas de anti-austeridad poética en Puerto Rico, la diáspora es un espacio de crítica radical para Salas Rivera. La corrosiva irreverencia de su "MÍSTER GOD NO ES PUERTORRIQUEÑO" (69) nos recuerda a la soberanía verbal y política performática de Pedro Pietri en su *Puerto Rican Obituary* (1973), texto fundacional de la poesía nuyorican que también surge de luchas sociales y que también diagnostica la necropolítica colonial de Puerto Rico con una mezcla certera de ironía, rabia, esperanza, amor y desconsuelo. Cabría tener en mente que *Puerto Rican Obituary* fue publicado por la editora marxista Monthly Review Press, pero también que Pietri rechazaba todo dogma en nombre de una poética indomable llena de inversiones radicales y contra/dicciones, apostando a los límites de la página, allí donde según Salas Rivera "un diamante se transforma en colibrí" (46). Para Salas Rivera, no es que evolucionemos hasta volvernos seres especiales capaces de una conciencia marxista bien calibrada sino que "volvemos al mar" en un proceso de "evolución inversa" (41). *lo terciario / the tertiary* concluye con una invocación de uno de los grandes poetas políticos del siglo XX, Miguel Hernández, quien muriera de tuberculosis tras luchar por la España republicana, pero Salas Rivera se enfoca en la obra un poco más temprana de Hernández, en el ludismo y el eros lingüístico de su clásico gongorino *Perito en lunas* (1933). En esa onda, las poetas feministas boricuas invocadas aquí son luminarias como Marigloria Palma (c. 1921-1994) y Angelamaría Dávila (1944-2003), cuya genialidad consistía no solo en representar el cuerpo marcado por el género (y la raza) sino en desafiar las posibilidades de la representación a través de *lenguaisajes* llenos de innovaciones metafóricas, simbólicas y sintácticas.

Lo que descubrimos al leer a Salas Rivera no es solo la urgencia de Puerto Rico como "luz ansiosa en el mapamundi" (24) sino el vértigo generalizado de nuestro deber. Desde el comienzo, el libro ubica la deuda colonial en un sistema de relaciones que incluye nuestras deudas lxs unxs con lxs otrxs, con amistades y familia, con la tierra, con lxs poetas y activistas que nos precedieron. Si bien fantaseando con hundir cruceros e imaginando "un anti-crucero de esperanza" (47), criticando como "el gobierno federal (re)poseyó la casa" (40) o preocupándose por el bienestar de la gente protestando contra la junta de control fiscal (64), *lo terciario / the tertiary* le "debe" mucho al Marx de Scarón, en parte porque los títulos de los poemas en el libro son tomados de la traducción de Scarón. Salas Rivera luego traduce la traducción de Scarón para la versión inglesa del libro, en lo que llama en la nota sobre traducción "third-degree proximity" (proximidad de tercer grado, senda inversión, o algo como lo que quise hacer yo en esta introducción, pero quien lea en inglés no se dará cuenta). (Igual no hay un tercer centro aquí adentro ya que el "trisomático" trío romántico puede ser el cántico de algarabía de Nina Droz Franco arrasando con el banco semántico y hallando nuevo alfabeto cuántico fuera del estribillo trillado de los *austeridaddies* y las estrías del esqueleto de Trías Monge. To' esto se lo perdieron lxs anglos, es otro ángulo. Recuerda que con el "te" de "terciario" Salas Rivera "te" habla, o le habla a uj-té.)

En la teoría económica marxista, lo terciario se refiere a los servicios, lo que no es materia "prima" ni manufactura secundaria, y se trata del sector más amplio y de mayor crecimiento en las economías occidentales. Como archipiélago colonial (y "small place," como diría Jamaica Kincaid), Puerto Rico ha sido laboratorio para innumerables experimentos de terciarización, e incluso hoy diversas plataformas dizque-progresivas para Puerto Rico dependen de fantasías terciarias, a menudo relacionadas con el turismo (o la industria farmacéutica, en el caso de las exenciones contributivas por medio de la Sección 936, cuya derogación en 1995 contribuyó a la crisis financiera). (Véase también el caso de Lin-Manuel Miranda, cuyo liberalismo buena-gente para con el Puerto Rico post-María coincide con su infame activismo a favor de PROMESA, así como las diversas divertidas y agudísimas críticas que Salas Rivera le hace a Miranda, especialmente en textos más recientes.) Claro que este libro también juega con lo terciario como no-binario (inglés-español y sobre todo masculino-femenino), como en el poema "El proceso de circulación de la deuda", donde la voz narrativa confiesa "recuerdo que esa primera vez que leí a marx, / quería ser marx y también caerle bien. / eso era lo más importante: / caerle bien a carlitos" (33). Este momento inicial de devenir "Carlitos" Marx prefigura con humor otros momentos de fluidez de género en el texto—"me ajusto la corbata / el líner se me corre (51)"—pero también hace hincapié sobre cómo una crítica marxista del capital nos puede ayudar a entender cómo se vigila y castiga la diferencia corporal y cómo la burocracia nos mantiene en estado de opresión: "no tuviste tiempo ni dinero / para llenar el formulario / del cambio" (49). La evanescencia del dinero hace explícita la violencia del capitalismo y sus normas de género, pero nuestra toma de consciencia sobre la evanescencia del capital es también una condición de posibilidad para darnos cuenta de que "la proximidad es suficiente" y de la trampa en que caemos cuando "le dices nene o nena a mi personificación" (48).

Es crucial el que Salas Rivera se halle en Filadelfia (ha vivido en esa ciudad la mayor parte de esta última década y es en la actualidad su "Poet Laureate"). El abrigo o chaqueta es el ejemplo clásico de Marx del valor de uso (tiene valor porque nos calienta, etc.) pero ese objeto tiene un valor completamente distinto en el Puerto Rico tropical y no obstante se vuelve esencial para la diáspora puertorriqueña en Filadelfia si va a sobrevivir el frío del Norte imperial. Salas Rivera nos propone "digamos que vas hasta filadelfia / a buscar las chaquetas que necesitan / las abuelas" y nos pregunta qué pasaría si nos dijeran que *"aquí en fili no aceptamos chaquetas"* (17, cursiva en el original) y luego convierte este ejercicio especulativo en una reflexión sobre la violencia de la *deuda* (boricua): *"a cambio de esta deuda sólo aceptamos chaquetas"* (16, cursiva en el original). La política de Salas Rivera no es nacionalista cultural sino más bien diaspórica en el sentido de Stuart Hall; presume una visión marxista y no-esencialista de la diáspora como potencialidad crítica, como el juego de diferencias en la identidad ("Cultural Identity and Diaspora," 1993, 228).

Si la necropolítica excéntrica de Pietri implica revelar lo fraudulento del sueño americano que llevó a miles de boricuas a las ciudades industriales del Norte imperial, Salas Rivera halla esa ciudad industrial liquidada (hecha liquidez), precaria, endeudada, a fuerza de economías de chambeo, centros urbanos que ya no producen nada y por ende sobreviven por medio de especulación, gentrificación y desplazamiento, vomitando los cuerpos racializados que sostuvieron a esas ciudades durante décadas de abandono. Ya hay libros de poesía nuyorican, como *Last of the Po'Ricans y Otros Afro-Artifacts* (2014) de not4prophet y el clásico de Willie Perdomo *Smoking Lovely* (2003), que proponen cartografías críticas de Nueva York como "ciudad neoliberal" (Arlene Dávila, 2004), pero lo que hace Salas Rivera con Filadelfia es otra cosa, similar en su diferencia, en especial porque en esta edición sus poemas llevan el marco visual de las imágenes del artista José Ortiz-Pagán. Son imágenes chocantes, de coloridos bonos financieros decorados con esqueletos y cadáveres. La frase "cero a la izquierda" figura en muchos de los bonos, otra subversión vertiginosa del valor de uso de Marx (bonos "inútiles"). Uno de los bonos incluye el desconcertante término "descorporado", recordándonos al capitalismo "gore" de Valencia y sus espectrales/especulares muertes.

El sitio web de Ortiz-Pagán lo identifica como artista puertorriqueño radicado en Filadelfia cuya obra explora la intersección de lo "postindustrial" y lo "neocolonial." No sé por qué pero esos dos términos me retrotrajeron a un poema de Miguel Piñero de su clásico *La Bodega Sold Dreams* (1980). El poema se llama "Spring Garden—Philadelphia" y es sobre el otrora estigmatizado pero ahora gentrificado vecindario del mismo nombre cerca del centro de Filadelfia. El comienzo del poema es "Spring Garden wears a welfare coat — / in the summer . . ." (*Outlaw: The Collected Works of Miguel Piñero*, 23) y es como si Piñero resignificara el abrigo de Marx para la ciudad postindustrial donde lxs latinxs se abrigan (todo el año, estilo hip-hop) para luchar contra la ciudad. Piñero entiende que, si bien pobre y decaído, Spring Garden tiene valor en cuanto los cobradores no dejan de venir a cobrar aunque las escuelas estén al borde del colapso y las bibliotecas a menudo estén cerradas (can you say *extractivismo*?). Es difícil no ver similaridades perturbadoras entre el poema de Piñero y la situación del Puerto Rico actual (archipiélago y diáspora). Tras la gentrificación de Spring Garden, dónde está toda la gente desplazada (pregunta que también podemos hacer sobre el Viejo San Juan y partes de Santurce, ahora que la especulación de bienes raíces arrasa con esos barrios)? Hemos tendido a ver la lucha del archipiélago de Puerto Rico y la de su diáspora como dos luchas distintas, pero recordemos lo que señala Carmen Teresa Whalen en su importante libro *From Puerto Rico to Philadelphia: Puerto Rican Workers and Postwar Economies* (2001), que el desplazamiento de la comunidad puertorriqueña de Filadelfia requirió de un esfuerzo de política pública tan consciente y sostenido como el que vemos en el Puerto Rico de hoy: desmantelamiento del sector laboral, negligencia estructural de la vivienda, segregación del espacio urbano. (Ver también el libro de Zaire Dinzey-Flores's *Locked In, Locked Out* sobre las urbanizaciones de acceso controlado en el Puerto Rico actual.) En cuanto la especulación en bienes raíces se ha vuelto parte crucial de la economía global, los bonistas, los especuladores inmobiliarios, y los políticos a quienes mantienen tendrán mucho que decir sobre el futuro de Puerto Rico y su diáspora.

Pese a lo desolador de nuestro momento actual en el que "ESA DEUDA SE PAGA CON SANGRE" (58, mayúsculas en el original), Salas Rivera nos recuerda que la lucha es siempre desde el cuerpo, confrontando la soledad de esta neocolonia pero con los ojos abiertos y la voz alta. Para nosotrxs, como gente cuir, esto puede querer decir defender de inversionistas a familiares lejanos aunque "después de orlando, nunca nos llamaron" y aunque nos "regañan por pensar que la familia es opcional" (39). En este momento en que todo parece imposible, Salas Rivera nos recuerda que desde nuestra subjetividad imposible podemos hablar sobre y desde lo imposible y reclamar utopías en el aquí y ahora: "mi futuro estar cuir está aquí" (52). (Observación: este terciario es en verso e inverso; versátil y no bursátil, faut-il dire?)

En este instante necesitamos transcendencia lírica (los "estribillos que desenmarañan" de Berardi) pero también escritura procesual (la escritura cuir resignificante de Valencia). Un último binario que se va por la borda en *lo terciario / the tertiary* es el de lo procesual (en el sentido jurídico además) y lo potencial, entre documentar la caída y rehusarse a reducir el arte a su función documental. Y las geografías. La escritura de Salas Rivera no se deja contener por Puerto Rico ni Filadelfia: ejemplifica lo que Achille Mbembe llama una "étique du passant" en cuanto rechaza el centro, reconoce las enemistades de la traducción pero se opone a la lógica de la guerra, y se atreve a la solidaridad y a cierto desapego pero nunca a la indiferencia (*Politiques de l'inimitié,* 2016, 177).

En los pocos meses desde su publicación, este libro ha logrado sostener y alentar a las comunidades que documenta y reimagina en sus páginas. También ha desafiado a estas comunidades para que se atrevan a vivir y soñar otra vez, de forma que se vuelvan el lenguaje de futuras vivencias y sueños. No hay espejo; cada versión de nosotrxs es una inversión. El materialismo es un sueño así como el idealismo, pero de alguna manera los sueños nos sostienen como siempre lo han hecho, desde la belleza y el fracaso de nuestrxs cuerpxs. Le doy gracias a Raquel Salas Rivera por dejarme/nos soñar otra vez, desde la certera claridad de nuestras pesadillas.

Urayoán Noel
El Bronx, NY
abril de 2019

LO
TERCIARIO

LA AGENCIA

0.

La invasión de los 65

BRDANG026112013

EL PROCESO DE PRODUCCIÓN DE LA DEUDA

"la naturaleza de esas necesidades,
el que se originen, por ejemplo,
en el estómago o en la fantasía,
en nada modifica el problema."

los productos del trabajo tienen sus residuos.
a estos residuos les llamamos objetividad espectral.
a esta objetividad espectral le llamamos mera gelatina.
a esta mera gelatina le llamamos
cristalizaciones de la sustancia social común

a estas cristalizaciones les llamamos valor.

pero el valor que es valor de uso sólo lo tiene porque tío jun arreglaba sillas,
y porque titi irma perdió la cordura y escribía cartas
donde la letra crecía hasta llenar páginas enteras.
fumaba y compartía con los deambulantes que hacían flores de palmas
y las regalaban—por un peso—te velaban el carro—

cuando se tiñó el pelo, luego cuando las raíces crecían
claramente oscuras,
cuando se moría de hambre por la desmemoria,
luego cuando se pintaba con delineador,
3 centímetros por encima de las pestañas,
sus ojos no cerraban y olía a tabaco estratificado,
en aquellas ocasiones y otras, acumulaba, por ejemplo,
valor.

tan preciosa que estás y yoli
el alcalde fue a su funeral porque era amada, dijo,
y porque acumuló valor para el pueblo entero.

"no flota por los aires"

i.

al considerar los valores de uso,
siempre se presupone su carácter determinado cuantitativo,

tal como la *docena* de veces que pasé la estatua de albizu sin verla,
una fábrica de atún, una *tonelada* de tiburones

que comen del desagüe, etc.
la *fictio iuris* prevalece ya que no poseo

un conocimiento cabal sobre los tiburones,
ni cómo la fábrica desbalancea el ecosistema costero

(ni cómo desbalanceé el ecosistema familiar
de mi segunda novia cuando comía del desagüe).

el *cuerpo* mismo de una mercancía es pues un *valor de uso* o un bien,
valor que se efectiviza únicamente en el uso o en el consumo.

examinemos la cosa con cautela.

ii.

una mercancía individual,
por ejemplo, una *peseta* de pan de agua,

se intercambia por otros artículos en las *proporciones más diversas.*
por las mañanas hablamos sobre el pago impostergable

que es finalmente reemplazado por las siglas t.d.t.
el te. debo. tanto. tiempo de mi día

se intercambia por una llamada a la oficina del desempleo
que cualquiera diría nada tiene que ver con el pan de agua

ni con un expreso fuerte sin leche.
no obstante (cosa faucebunda),

su valor de cambio se mantiene inalterado,
ya sea que se exprese en
x pan de agua, y minutos de llamada, z t.d.t., etc.,

donde x es igual a y es igual a z es igual a cero.

iii.

debe (sí debe), por tanto,
poseer un contenido diferenciable de estos diversos *modos de expresión*.

tomemos otras dos mercancías,
por ejemplo, el adoquín y su poequivalente: el adoquín añorado.

fuese cual sea su relación de cambio,
podemos crear una formulita que dice:

1 adoquín= 100000000000000 aa
pero estas cosas, siendo tan distintas como lo son el 2 y el 3 de agosto,

como lo son cnn y noticentro,
como lo son la corporación para el financiamiento público

y el banco gubernamental de fomento,
como lo son el colonialismo español y el gringo,

tienen que ser equivalentes a una tercera cosa,
tienen que ser reducibles a esa tercera cosa.

un sencillo ejemplo geométrico nos demuestra
que los triángulos como los adoquines

requieren algo en común para participar del intercambio numérico. ese algo *en común* no puede ser natural ni corpóreo.

no contiene ni un adoquín de valor de uso.

iv.

llamamos *trabajo útil* al trabajo cuya utilidad
se representa en el valor de uso de su producto como *efecto útil.*

esta utilidad se manifiesta mediante *una división social del trabajo.*
un conjunto de trabajos útiles disímiles,

igualmente diferenciables, radialmente distintos,
llevó a titi teresa a trabajar en la tunera.

sin embargo, no fue teresa quien me contó sobre el desagüe,
pues ella apenas discutía el trabajo,

aunque su ropa olía siempre a atún y cambiaba de jabones
como mercaderes cambian de mercancías,

como un sistema multi-membre cambia de rama productiva,
como se cambia de profesión especial cuando no se encuentra trabajo,

como se aprende un oficio desconocido
cuando se necesitan latas de pescado

(serás sesenta y cinco centavos),
como se adiestra uno al hedor del abrazo

cuando viene de quien valora lo debido.

"cuanto más perezoso o torpe fuera un hombre"

la fuerza productiva del trabajo no está,
contrario a la opinión pública,
fijada por el gobierno de puerto rico.

JASON BENNICK ha confirmado
que su compañía puede producir
tres playas nuevas rellenando el estrecho
entre la isla de cabras y san juan,
creando cientos de miles de empleados de arena.
su compañía, míster sand, produce
principalmente juguetes de arena comestibles,
pero hace más de un década deseaba expandir
sus intereses a zonas cálidas, pues informa que

> *i just wanted to go somewhere warm, you know?*
> *and i heard about the bonds in puerto rico and how cheap they had gotten,*
> *so i told martha, well, we can move to florida or we can move to puerto rico.*
> *i like it here. it's the perfect moment for this sort of venture.*

cuando le preguntamos cómo crearía el efecto alga,
nos informó que varias fincas producirían una verde limón
pues soñaba eventualmente garantizar
la inversión de una compañía cervecera
cuyo nombre no quiso divulgar.

las condiciones normales de producción vigente en una sociedad
    + el grado social medio de destreza e intensidad del trabajo
    + el color del alga de míster bennick
    + el estado de desarrollo en que se hallan la ciencia y sus aplicaciones
      tecnológicas
    + los viajes que he dado a la isla de cabras
    + el arquetipo capricorniano y su afán por la domesticación
      del valor
    + las cartas que le escribió a yoli
    + los cigarrillos de una vida entera
    + la coordinación social del proceso de producción
    + el costo de T en el mercado
    + *las condiciones naturales*

el señor bennick nos asegura que,
con tal de que no sean torpes o perezosos,
todos los hombres de arena
tendrán la misma oportunidad
de solicitar empleo en su compañía.

"no se cambia una chaqueta por una chaqueta"

tomemos dos mercancías, por ejemplo,
50 años de trabajo y una deuda
acumulada por 50 años.

como propietaria de la primera
decides llevarla al caribe hilton bancario
donde *daría mi vida por pagar esta deuda*.

pero te explican *que no da*

> así como la deuda y los 50 años de trabajo son valores de
> uso *cualitativamente diferentes*, son *cualitativamente diferentes*
> los trabajos por medio de los cuales llegan a existir: el del
> inversionista y el del colonizado. tu vida no es suficiente. tendrás
> que pagarla con el trabajo de tus hijos y los hijos de tus hijos.

digamos que les dices *nunca tuve*
porque nunca quise que heredaran mi deuda
aquellos que apenas saben distinguir
entre coquito y leche.

pero te explican que, aunque no tengas linaje,
la heredarán tus vecinas, el perro que saquea tu basura,
doña sophia con su rosario luminoso,
tu abuela que apenas sale a la farmacia,
angelía que aún espera tu libro,

luis que finalmente tiene empleo pero con deuda todavía
y el tipo que te asaltó por diez pesos.

imagínate
que vuelves con tus vecinos,
con tu abuela,
con el perro que a veces rebusca la basura,
con angelía, con luis, y dices
he aquí mis herederos.
¿aceptarás nuestro pago?
¿darás por finalizada nuestra deuda?
¿borrarás nuestros nombres del sistema?

pero te dicen
te faltan los ríos
el río guajataca, el río camuy,
　　　　　　　el río cibuco,　　　　el río de bayamón,
　　　　　　　　el río puerto nuevo,　el río grande de loíza,
　　　　　　　　　　el río herrera,　　　el río mameyes,
　　　　　　　　　　el río sabana,　　　el río fajardo,
　　　　　　　　　　el río daguao,　　　el río santiago,
　　　　　　　　　　el río blanco,　　　el río humacao,
　　　　　　　　　el río seco,　　　　　el río maunabo,
　　　　　　etc. etc. etc.

ellos serán tus herederos.

esta vez decides adelantarte.
recorres todo puerto rico como un espectro.
agarras puñales de lo que sea:
sombrillas de gasolinera, piedra caliza,
actas de nacimiento, tiendas quebradas,
etc. etc. etc.

vuelves al banco con tu isla tan densamente ingerida
que toses semáforos y entierros y dices
he aquí todo lo que cabe
entre el mar caribe y el atlántico norte.
he aquí: mi imaginario.

pero te dicen
debes la nada.
tu cuenta tiene un balance negativo.
a cambio de esta deuda sólo aceptamos chaquetas.
pero esto sí que no lo tienes
porque casi nunca hace frío
en puerto rico.

digamos que vas hasta filadelfia
a buscar las chaquetas que necesitan
las abuelas, las angelías, el río maunabo, etc.
trabajas duro, buscas una licencia con dirección renovada,
compras tres cuatro, quinientas chaquetas,
vas a la sucursal local y dices

aquí las tengo.
quisiera pagar aquella deuda.
pero sin mirar te contestan
aquí en fili no aceptamos chaquetas.

supongamos que en la caja de pasteles
le envías las chaquetas a tu madre
con una notita que lee
pago: deuda de puerto rico
y mami (tras decodificar tu letra) carga
la caja hasta la sucursal del banco popular, el caribe hilton bancario o el
loquesea bank, donde la miran mal y le indican
—antes de que pueda decir palabra alguna—
para entregar chaquetas, utilice la fila número tres.

imagínate que es una fila larga, larguísima, casi interminable,
una fila de 50 años.

los mangós importados saben a piña.
las tapas de las alcantarillas
son reemplazadas por barriles de emergencia:
todo metal tiene valor en el mercado.

la tienda que vende todo
me vende mangós por 14 pesos
porque he dicho que en puerto rico
tenemos frutas medianas, pero imperdonables.

entierros de bisturí son como conciertos de grilletes:

> *sufriste bisturí,*
> *entiérralos.*

> *ve mediante repeticiones de carrusel*
> *caballos como niños reales.*

la tierra donde las piedras se entierran,
la tierra donde entierro mi puño,
la tierra donde morí marinera

:dame tu mano, ericka:
son líneas en palmas,
tajadas de bisturí,
raíz de ceiba,

meao en la nieve, informando,
tráfico de hormonas con id grupal.

por cada bisturí que entierras,
nace un tricératops caracola,
sombrilla tornillo, octágono celeste.
por cada bisturí que entierras,
un dólar irá
al banco de fomento.

bisturí, por cada cenex que encuentres,
te devolveremos un dato.

entiérralos todos
naces de un huevo en braille
:la tierra es para enterrar los pies,
para calentar y compactar
los dientes de hada:

"quedará siempre un sustrato material"

escenario 4:

cenex descubre que existen múltiples nadas,

como existen múltiples infinitos.

no, no son dobles noes,
sino nadas cada una excluyendo la otra completamente:
la nada de números imposibles,
la nada de fracciones inconmensurables,
la nada de hormigueros de miel
—cuarzos de nieve y pis—,
la nada de plátanos rosita,
la nada del regreso,
la nada de mis manos congeladas que cortaron
y llevo de pie de conejo.
cenex descubre que existen peores peores.

escenario 7:

odette plancha el flamboyán pétalo a pétalo. en el relicario mezcla jazmín
y elizabeth arden. su última descendiente pata se casa lejanamente con el
cuerpo lagarto del sauce. algún huevo en algún hervor. alguna casa vendida.
las paredes asbestadas. el canal católico puesto a todo volumen. la cantidad
de dolor en la piel, incremental. se acumula porque el papa ha dicho que
este cuerpo es carnal. la deuda, carnal. la mano del papa, sagrada. el perreo,
carnal. el vecino bolitero, carnal. el monte donde yace el tanque de agua,
carnal. su nombre, carnal. la estatua de la virgen, sagrada.

escenario 8:

cenex se inyecta hibisco.
quiere solamente mezclar ron y leche,
inyectarse de cuanto florecer aparezca
entre risco y florero,
      vender frutas en el puesto,
          cerrar el puesto por la ley de fruta podrida,
            inyectarse con metal y carpa,
helar el agua, ser hielero,
venderle bolas de cemento al gobierno,
vender pinchos, horchata, maví,
vender recuerdos de puerto rico:
      biles, tendencias a correr por parte del pueblo,
     socarrar gomas, vender colección de gomitas,
        lotería de $5 por $15m,
           limón por $50 y que te paguen con tdt,
    trucar tdt por tdt por tdt,
vender servicios de limpiar patios de tdt,
subcontratarse a limpiar las calles de vendedores
sin licencia de vendidos,
juzgar desde el arrebato porque no hay armonía,
porque quedamos vivos
y el hibisco manso dura
más allá del próximo pago.

escenario II:

cenex interrumpe la misa:
atracón de hostias, envenenamiento de sangre de dios.
cenex interrumpe su ascensión
para preconcebir un mundo sin deuda.

le cortan los sistemas reproductivos como tantos vagones en desuso,
diciendo *no cualificas como mujer hasta que pases las tres pruebas
del conservatorio nacional.*

> prefiere succionar todo diálogo de sus entrañas,
> cortarse los eufemismos como órganos adicionales,
> mosaiquear la cara de dios con pinceles baratos,
> erosionar, erosionar, erosionar,
> interrumpir la misa con desglose etimológico,
> leer los nombres de las hermanas asesinadas,
> pontificar sobre la industria pecuaria,
> defenderse del tedio punzante
> de la colonización.

escenario 12:

puerto rico prende sus luciérnagas
para aparecer:
luz ansiosa en el mapamundi.

escenario 13:

cenex verifica que ha(s) muerto,
tu jugo de arándano en zaguanes inundalinduras.
recolector de colibríes muertos,
harás alfombras boreales de plumillas,
pilas de periódicos en tu apartamento 3A.
si cortas la grama, saldrán hormigas de la fisura.
si abres las cortinas, habrán expertos disecando
cual domesticadores del caos.
mándalos pal carajo y date un trago conmigo.
yo invito.

escenario 14:

cenex procrea con su fantasma
quien le dice:

puedes llorar. aquí todos lloramos.
nadie te juzga.
si sientes que pierdes tu isla,
si te vas, si te quedas, puedes llorar.
tienes derecho a odiar tus opresores,
derecho a quitarte las medias sin quitarte la correa,
a colapsar como un edificio de contrato en una ruta corta,
a disolver las palabras.

escenario final:

mi madre dice que está muy desmoralizada
para escribir poemas sobre la deuda.

su mano aprieta mi corazón dislocado.

me pregunta si leí los poemas que me envió,
si me gustaron.
                        son cortos.

me gustan—le digo—
sus poemas sobre la deuda.
              son largos
como los míos.

igualitos. me dice y nos lloramos
por no matarnos.
igualitos.

[mi madre nunca dice esto, aunque sí me dice que no puede escribir poemas
sobre la deuda pero no explica, aunque sí llora y me aprieta el corazón,
aunque sí escribe poemas que son, como los míos, sobre la deuda, aunque
no lo dice en los poemas, de la deuda se tratan todos, aunque no se lo diga
nunca.]

"esta parte del valor no ingresa en la circulación"

nuestras almas brillan como la nada
en la totalidad escueta.
estos caracoles inevitablemente arena
no valen más que la suma
de las huellas de gomas cazadas,
como el inequívoco crujir
donde las pesadillas mudan sierpes.

entran sin invitación a beber mi café.
mis primos los miran mal.
mi madre llega
para arrancarlos de (la) raíz
de la vergüenza.

¿arreglarás mis flores?
te dejo estos arreglos listos
para perderse, pero si muero,
quema mis papeles.

EL PROCESO DE CIRCULACIÓN DE LA DEUDA

"para comprender las formas en su pureza
hay que hacer abstracción en primer lugar
de todos los elementos que no tienen
nada que ver con el cambio de formas
y la constitución de éstas en cuanto tales."

"primera fase: el capitalista aparece como comprador"

(fases superiores)

cuando leí el capital de marx tenía 16 años.
en las reuniones discutimos romper verjas en vieques
y decidimos cómo serían nuestras intervenciones,
cuántos periódicos, si eran reformistas o de cuadros.
marx explicaba la inevitabilidad de la revolución.

coño, nunca había sentido lo que sentí
aquel día que ratificamos el voto de huelga.
tenía 18 años, no había comido
más que una manzana y una barra de avena
porque cuando no dormía, entraba en fases superiores.

soñé que los guardias quemaban mis medias
en una hoguera y que mis médulas portaban venenos.
si me rompían un hueso, aseguraban mi muerte.

leí varios textos de trotski
donde decía que el arte era autónomo
y que los trabajadores no podían crear arte,
pero no le creía porque tenía a common
y al disco de blackstar rayado
y porque mami y papi eran cocolos.

ese verano, por no comer, me dieron atracones.
me acosté con un hombre que me botó de su casa

y me mudé a nueva york.
había leído a marx orgánicamente.
soñé que la cia me invadía la casa
con los brazos abiertos.
en las manos llevaban bolas de algodón
saturadas de sangre y decían: *murió tu madre.*
pero no llegó la cia sino biles y biles.

prefería estar pelá en puerto rico.
por eso volví sin hacer aquellas cosas
que consideré (como siempre) muy seriamente.

recuerdo que, esa primera vez que leí a marx,
quería ser marx y también caerle bien.
eso era lo más importante:
caerle bien a carlitos.

(bromancia originaria)

con tu boina revolucionaria y tu alicate de futuro,
eres la bromelia pentecostal del campamento.
le lavas los pies a mi potencial.
me haces jeva suprema de la comuna.

en la retaguardia está la zona inundable donde,
a cambio de una cesta de plátanos,
repartimos literatura.
en la retaguardia, tu mujer descalza siembra pisicorres
y el caballo derrumba la verja.

la jornada está dedicada
a las piraguas de las fuentes,
aquellos hocicos angelinos.
se arquea la miel de tus pistilos
y corren hasta las playas
los orines sagrados de tu origen gen.

diría lenin *¿qué es la que?*
pero tú me lo citas directo,
sin lubricarme la entrada al comunismo.

(selección natural)

en la residencia del separatista josé,
quienes acostumbran realizar reuniones políticas secretas.

vela los carros que se paran en la curva
más de 3 minutos.
dice que el teléfono suena y nadie le habla.

aparentemente tiene amores con uno de esos jóvenes
y le aparece un acto sospechoso.

en mi cédula se vendan los novicios.
les leo en voz alta sobre la crisis del mercado,
les pido que nombren tres tipas
que diversificaron el portafolio revolucionario.

debatimos si deberíamos amarnos
o si es una enfermedad burguesa,
pero el del carro considera
si serán novios o amigos los compañeros,
según la frecuencia de los encuentros.

se trasladaron a trabajar y estudiar
su grado de maestría en la madison,
university de new york.

no sabemos si nueva york
mide más que madison o menos que chicago,
pero el del carro desea un *maveric*
y una promoción.

discutimos cómo identificar infiltrados.
el infiltrado sugiere
que seleccionemos sorbetos.
los sorbetos de mi casa
descabezados como quenepas
:colectivizados:

en el closet todavía hay carpeta.
mami me pregunta si tengo novia o amiga.
sigue siendo un acto sospechoso
amarnos o escribir poemas.

(imposibilidad necesaria)

no recuerdo cuándo dejé atrás
muchos términos o los truqué por otros.
ni cuando dejé de pensar que los poemas
tenían un potencial ilimitado,
que una silla puede hacer infinitas cosas,
pero no puede volar.

ni recuerdo cuándo escribí por primera vez
que quería una silla voladora,
un trono volador,
para poder ser reinx de los murciélagos,
ni cuándo dejé de pensar que la solidaridad
tenía un potencial limitado.

tampoco recuerdo cuando caí en cuenta
que no todo era poesía,
pero que la poesía tampoco era toda poesía.
no recuerdo si alguna vez
pude explicar esto con claridad
o tenerla.

recuerdo que siempre he tenido
poemas que son más poemas,
poemas que son más personas
y poemas que son más solidaridades.

ay, pero a veces me quedo con los términos viejos
porque les tengo demasiado cariño.

"las mercancías no pueden ir por sí solas al mercado"

mi madrastra me explica que llegó la hora.
tengo que parir en las afueras de la academia cristiana.
entregaré mi camisa polo color vino
y mi moño escolar.

mi padre se siente decepcionado
porque no escogí demandar a la inter
y me aparezco a las protestas
sin pizza de freshmart.

no visité a mi otra abuela
porque cree que estoy confundida.
me rehúso a decirle
que me caso con mi jeva.

me regañan por pensar que la familia es opcional.
aquí se paga con amor sin devolución.

después de orlando, nunca nos llamaron.

existe algo llamado obligación familiar.
compartimos tantos siglos de no conocernos
y aquel enemigo que no nos hace caso.
te defenderé, tía lejana, del inversionista,
¿pero dejarás mi cadáver
frente a la puerta de aquel infierno
donde descubrí que existo?

"ni intercambiarse ellas mismas"

quiero comprar la casa
donde el comerciante asesinó a su esposa.
está a siete minutos de la playa.

nadie me dice que la nena esperó en el cuarto,
tranquila.

nadie me habla del suicidio del palo de aguacate.

el negocio quebró.
nadie me dice que le sirvieron cerveza
después que llamó al padre:
ven a buscar a la nena, que maté a tu hija.

¿dónde está mi llamada?
no hay manera de saber
si los flamboyanes pueden romper
el pozo séptico con sus raíces,
si el teléfono sonará a toda hora,
si la nena gritará *mami.*

el gobierno federal (re)poseyó la casa.
nadie la quería vender.
tiene una marquesina preciosa,
como para organizar fiestas,
y está a buen precio.

"segunda fase: consumo productivo, por parte del capitalista,
de las mercancías adquiridas"

si te desnudas en la noche de san juan,
entrarán por tu piel llagosa
las memorias de las sirenas violadas
y tendrás que cantar el resto de tus días
poemas dedicados a pulmones perdidos.

evolución inversa:
volvemos al mar.
los que no saben dejar sus botines en la arena
se ahogarán en el aire.

"[aguacero de] elementos evanescentes dentro del ciclo"

un tenedor plástico en la cartera de algo servirá si llega el servicio hasta aquí
que de una vez me paguen en tarjetas renovables si no me cortan la luz pues
podrán incorporar mi empleo a la cola de la marcha si es que perdono a mi
hermana por su esposo que llegó a las seis y dónde andaba no es la hora sino
con quién andas devuélveme las llaves y te recojo pero antes de que pintes
la bandera de luto tu mano no es libre comprenderás algún día por qué
lo hicimos debajo del acento una bomba deja de detonar y la desarmo no
tengo mucho tiempo pero pásame la nota olvídalo que ya lo olvidé si acaso
recoges los escombros saca la basura porque no entran las ranas si devoras las
orquídeas pues es tarde y habrán cerrado el edificio o el colapsar quizás sobre
la arena sin saber si me matarán contra el muro o si recostada quebraré la
suerte sin perder el movimiento cierra el carro y sal callada si no sabes cómo
seguir pensando en libros ni decir déjame ir al trabajo dejaste la ropa con tu
ex-esposo quien sin duda la usa para detectar perfumes pero cómo harás para
arroparte al quiosco como bola y palo sin sentirte eternamente agradecida
ni siquiera se sobrevive el mes y sabes que nada vale si no aprendes a luchar
no tenía arma pero igual el piso igual siéntate ahí llega ahora no bajes con
aguacero a ponce se nos fueron todos no sabías que no vuelven tranquila que
llegan ahora me dijo hace media hora tengo un ticket porque crucé la luz
sin mirar y qué hubiese pasado si te matan y andas sin cinturón y sin luces
delanteras qué peligro subir a esa hora y la gente borracha si no llevaba ni
identificación el cuerpo no te estoy entendiendo ciérrame el adentro adentro

"lo que se considera característico no es lo irracional de la forma"

si tan siquiera fuese posible/
si fuese algo con control de acceso así/priiiip/
poder hacer que del imperdible roto de fb salieran/
noticias sobre mayagüez que leyeran/

> *aquí nacieron próceres de renombre local/*
> *y frituras tentativas/*

de que hicieran caso/que importara más/
el cierre de la escuela que el pendejo supremo/

que dijo opresión pero hace tiempo ni sabe viajar/
sin jangear con corillos predilectos/

error sin guante/

performance del traje solar/voltereta de disney/
tres brillos y otro mundo/la posibilidad de nacer/
en puerto rico/de odiar a toda boca los rotos/
de los dientes por donde se fajan las sonrisas/
por apalabrar el tintero con la mordedura/

¿quién te ha dicho que no es posible?/
sino tus envergaduras presas/
o tu torso encebollado/
esta forma/dicen/

es el sacrificio tardío de quemar las cartas/
del amante que vendió tus secretos/

perfecciona tu odio/memoriza las líneas/
de tu deificación/

ornamentos son sólo displicencias que encubren/
el sigiloso pulgar/

si meditan cien guardias en un parque/
no hay paz/hay tiempo adicional/
para adquirir semblante

"la conversión de una suma de dinero en una suma de mercancías"

por cada poema que compones sobre la deuda,
se reúnen cincuentiocho unicornios en el fondo de una piscina.

cada vez que escribes MUERTE A LOS COLONIZADORES,
nace un coquí dorado.

cada vez que repites:
VOTA POR *ESTA* EN UN SISTEMA COLONIAL,
un coquí dorado siembra una ceiba.

por cada dos compas que le cierran el paso a la junta de control fiscal,
se duplican los flanes de coco y las alcapurrias.

cada vez que le crees a una mujer violada,
un chamaco de experiencia trans adquiere sus hormonas.

por cada verso que se enrosca en el pecho de mi gente,
le gano cinco bibliotecas al imperio.

por cada político oportunista que descabezas,
renace mi fe en el sistema educativo.
¡ja!, no, maestro: la fe en nosotros.

por cada canción que dedicas a marigloria o ángela,
recuperamos un cantito de nuestra historia.

por cada sello de solidaridad sin remunerar,

un diamante se transforma en colibrí.

cada vez que caramelizo mis pieles en veneno,
recupero mi nombre.

cada vez que repites *iván* tres veces al espejo,
vuelve como espectro para vengar sus asesinos.

cada vez que repites *iván* tres veces al espejo (2),
se une el espectro de jorge steven.

cada vez que repites *iván* tres veces al espejo (3),
el viento se convierte en láminas,
que se convertirán en cristales rotos,
que se convertirán en aires congelado por los giros
de todos aquellos torturados por la comay.

por cada deuda que no pagas
(hay sólo una muchas veces insistida),
le donas cien hamacas voladoras
a las víctimas del neoliberalismo.

por cada cálculo errado,
salvas una bahía.
por cada bahía que salvas

le damos a esta isla
un anti-crucero de esperanza
y hundimos todos los cruceros
y hundimos todos los cruceros.

"el dinero figura como mero medio evanescente de circulación"

palpito y duelo por colindancia.
si le dices nena a mi nena, ya tú sabes.
si le dices nene a mi nena, ya tú sabes.
si no sabes y le dices nene o nena a mi personificación,
ya tú sabes lo que te espera.

la proximidad es suficiente.
me debes cincuenta pushups.
establecemos un sistema mediante el cual
si me jodes a los queridos, te parto la uña.

la luna creciente es la uña de la hostia comida
en nombre de todos,
   tu carne.
transmutarse es nombrarnos.
me hago tu nene al llamarte nena cuando eres nena.
me devengo tu nene al llamarte nene, pues nene seamos.

si no sabes decir hola con pronombre retroalimenticio,
mejor no saludes.

cobijo y mareo
   ciempiés cricas mil o bichos eres tanto en órgano como animal
     tu aguaviva mi sal he sido
    tumbado fosilifiero de piedra tus manos
     caracoles en vías

de boca anémonas o cabras te reproduces con el viento
o no te mueves ni besas centro del no
te llamaré

> te dieron nombre.
> decidieron colectividades.
> no tuviste tiempo ni dinero
> para llenar el formulario
>   del cambio.

palpito síndrome sílaba coyuntura
velocidad número dificultad que dictes

si le dices tierra a mi ternura, ya tú sabes.
si lo dices con ternura, igual
que refunfuñando,
o cambias n por ñ en coño,
o crees que ll es lacio,
te partiré el repartimiento.

colíndate del cuerpo que no eres
conmigo.

para mi corillo cuir

t. y j. le entregaron a ochún
cincuenta ciruelas de musgo y una cerveza terciada,
para que cincuenta y pico corazones
—*número abierto te amartillo a mí*—
nos piquen salobremente
el limón acascarado de este pecho.

hoy mataron más lorcas que ayer.
hoy doce de junio.
hoy 12 de junio.
pero igual g. m. y l. limpiaron
y prendieron sus dildos de cera.

en puerto rico no habrá agua limpia.
hoy 12 de junio.
hoy doce de junio.
pero igual gaddo, max y leone
disminuyeron dedos sin uñas,
limpiando sus manos en las bocas,
ritual de limpieza con sahumerio de saliva.

en puerto rico 117 estaciones hidrológicas
cesarán sus operaciones,
pero seguimos operando
los jevos de la alteridad,

lagrimales de palomas,
rindiendo nuestro sucio
para sanar este mundo de su pureza.

me baño [con agua] me ajusto la corbata
el líner se me corre mis manos [en el agua]
mi lipstick [en el agua]

hay un problema,
dice rafael rodríguez.
en puerto rico el agua limpia
vendrá quizás, como dijo corretjer,
ensangrentada,
o quizás es que la sangre
nunca limpia nuestra
carga su viscosidad con la rabia
de cincuenta culos
de placer penetrable.

mientras escribo este poema,
espero que lleguen los vivos
a racimarnos, a armarnos
(contra del estado) y sus agentes privatizados
y amarnos en contra del estado.
qué jodienda qué jodienda qué jodienda

voy a bendecir esta noche con tragos.
voy a llegar hasta el trece de junio
sin 13 de junio, sucia, y quemaré
las banderas confederadas,
la bandera americana,
quemaré tu programación.

mi futuro estar cuir está aquí.
mientras j. dice que llega pronto.
mientras o. dice que llega pronto.
mientras t. dice que está enfermo,
pero llega pronto.
mientras s. dice que quiere llorar
ante algún edificio con pancarta.
mi futuro cuir odia el u.s. geological survey
en inglés y en español, la mezcolanza
de este día está seca en mi boca
porque sigo escupiéndole en la cara
a los que me quieren matar.

r. dice que es *demasiado*.
hoy es demasiado vivir,
pero más demasiado morir y matar
antes de dejar que nos vuelvan a hacer esto.
defenderé el agua en todas sus formas.
cortaré mi palma para el pacto.
entraré para ensangrentarme también.

llegan y llegan mis amores.
también, por twitter y whatsapp,
juramos al agua ser sucios,
ir a las barras y bailar.

hoy todas mis perforaciones
y proyecciones desmantelan las paredes.
compartimos venas,
arrepentimos con bombas de agua.
qué carajos pal carajo pal fokin carajo
lléguenle. lléguenle ahora.
la puerta está abierta.

NOTAS SOBRE UNA
CIRCULACIÓN DESVIADA

"si fracasa, la que se verá chasqueada no será
precisamente la mercancía sino su poseedor."

"si ellas se niegan a que las tomen, éste puede recurrir a la violencia
o, en otras palabras, apoderarse de ellas"

i.

¿cómo estás, querida?
¿sabes lo que está pasando?
y el sur, ¿cómo siempre nunca?
¿todavía contemplan mi muerte?

a dos cuadras de aquí cuelan la luz anaranjando
las banderas y las banderas tonifican el viento:
        la única ruptura de la noche.

el cuatro de julio *go back to your country.*
el cuatro de julio con vino y copa rota.
si por ley puerto rico era estado libre,
por ley puerto rico vuelve reestructurado.

aquí me pregunto si los ladrillos aguantan los petardos.
por ejemplo, ¿habrá fuego y me quemarán la basura?
creo que un vecino me odia porque es neonazi,
otra porque las paterías trascienden
        la membrana que nos divide.
otra dice que me admira
siendo como soy.
¿cuál de las muchas cosas que no soy
labran para forjar las admiraciones?

ii.

claro claro mi muerte.
con la finalidad de quién decide
si quiere chocolate o helado.
quizás esa cotidianeidad confunde
—helado de chocolate—las formas
de mi muerte.

la combi completa

emprendemos un toque y retoque
llamado guerra o paz.
es guerra cuando
dos cámaras de rango y calidad pasan
        lamismasentencia

iii.

la circulación en metrallas de *compartires*,
dándole share al forever *conmártires*.
el acento retrocede hacia una colectividad.
desea doler, pero no suelta la mirada.

si digo *no nos mates* y nos matas;
si dices *no la mates* y me matan;
si se repite *no los mates* y los matan.
ESA DEUDA SE PAGA CON SANGRE
lee esto como palíndromo contextual.
pero no es deuda. no es deuda. el estado no está cobrando.
no hay reciprocidad.

iv.

pasó el cuatro de julio.
planifico repatriamientos,
volteretas de puerta revuelta.
intentó beber café,
no pensar en la penetrabilidad dérmica
de la palabra "fragilidad" como peyorativo.

nadie quiere ser vulnerable
cuando hay guerra de pacificación.
la vulnerabilidad, como la poesía,
es una promesa:
si la muerte me saluda,
puedo sentir miedo.

intento intentar
las piedras que soy,
el agua que se aleja en nubes,
la aridez estrecha
de estas calles del sur de filadelfia.
sin árboles, intento
sugerirme un futuro,
no caer en redondel.

¿qué daño me causo
cuando escribo sobre la deuda,

masticando mi cola,
extrayendo goma de las sierpes
de un pecado que cargo como conciencia ajena?
¿cómo puedo maldecir esas palabras,
la iglesia que crió a mi abuela,
la finalidad de mi imposibilidad
como sujeto,
       mi existir como un error,
          mi persistencia diaria?

v.

les digo a mis estudiantes que los sueños son como la literatura son chotas
no son mías estas ideas les digo que hay códigos y repeticiones que siguen
doliendo sin salida y tienen que ver con estar fuera de tiempo como si el
tiempo tuviera un adentro ¿cómo será el adentro del tiempo? ¿tendrá la
rigidez hueca de una rama muerta?

sueño con un cuarto.
este cuarto no tiene piscina.
la piscina que no tiene
tampoco tiene libreta.
este cuarto no es apto para niños.
los niños que no tiene comen alcapurrias.
las alcapurrias no tienen sabor
porque no están en el cuarto,
ni dimensión
porque succionan la boca.
realmente realmente
tienen colmillos.
en mi sueño, alguien me dice que
me hace falta concepto para bregar.
no logro capturar las esquinas de la frisa.
cada vez que tengo una se duplica en paredes.
en mi sueño, reparten el mar entre inversionistas.
en mi sueño, venden el yunque.
fuera del sueño, venden el yunque.

fuera de broma, si fuera de broma,
no estoy segura si estoy soñando en el sueño,
si es poema o si estoy muerta.
en las tres encarnaciones,
siento que tiene que existir
una dimensión mejorada
que perdí en el futuro,
pero estoy segura que realmente
los sueños registran lo que perdemos
de la esperanza.
en mi sueño, limpian mi inodoro con naled.
subo las escaleras hasta un techo
donde esparcieron una alfombra diamantina.
les pregunto de qué está hecha
y me dicen que de dientes de sirenas ejecutadas.
de repente sé que en el mar también
hay prisiones de erizos y corales rojos
y que empujan las cabezas hacia el aire
como castigo entre castigos.
aparecen mis estudiantes,
con sus comidas, a recostarse.
dicen cosas divinas sobre el cielo,
la noche y la ciudad.
se supone que les explique
cómo mataron a las sirenas,

con esa tranquilidad educativa,
que les hable de los sueños,
los orígenes del miedo
y la historia.

vi.

en mi puerto rico, imprimimos desde la tinta.
        (mi madre no sabe nadar)
en mi sala, se reúnen mosquitos.
        (con/sin/contra zikadas)
entre las casas, trepan las enredaderas.
        (el perro mata las palomas)
el grito de las telas como triquitraque.
        (deslices de caverna inundan mis posadas)
la tierra, como la lluvia,
me despega del olvido.
        (volver es someterme al amor)
conozco quien soy como la irrelevancia que heredo.
escribo papelitos reunidos.
        (el texto me incita a desaparecer)
el lipstick de éste, mi puerto rico:
dato que indica que nos queda demasiado—
pero demasiado—fuerte este color.
        (mi madre no sabe mentir)
ayer la guerra despega pasquines.
ayer (como hoy) necesitan hielo
en el campamento contra la junta.
        (en septiembre los miembros nos saludan)
la guerra es seguir amando el super doppler max.
infestado por murciélagos, sale del infierno/panadería
y siembra un nido en mi ventana.

       (de noche la lluvia me dice me dice me dice)
en mi puerto rico, la guerra es hacer compras,
es ver noticieros por la tarde,
es el dedo en la humedad, palpando
la penetrabilidad cuir de la parada,
ya no tanto como una espera
sino como un entra y sale
de la esperanza.
       (ayer dejamos las llaves de la guerra en el portón)
la paz es *dame paz mujer dame paz*.
       (la paz sucede desesperada)
       (cada vez que vuelvo)
       (cada vez me quedo más)
       (cada vez más finalmente (qué)(dá)

vii.

(carta para mi amiga gringa)

algunos puertorriqueños nos venden. algunos puertorriqueños generan
ganancias al vendernos. algunos puertorriqueños son republicanos. algunos
puertorriqueños son demócratas. algunos puertorriqueños están de acuerdo
con que somos vagos, que no tenemos cultura, que somos malcriados y
feos. algunos puertorriqueños dan talleres sobre la diversidad y explican
que la negritud no existe en puerto rico porque somos *mezclaos* y eso se
llama *cultura*. algunos puertorriqueños dicen que las violaciones de los
españoles nos hacen bellos. algunos puertorriqueños creen que naturalmente
somos más reservados porque lo cuir es una importación imperialista.
algunos puertorriqueños creen que los dominicanos están destruyendo
a puerto rico. algunos puertorriqueños piensan que soy *bella* porque soy
una puertorriqueña blanca. muchos gringos no tienen idea que soy una
puertorriqueña blanca.

> *la mayoría de los miembros de la junta son puertorriqueños, reflejando*
> *el compromiso del presidente de asegurar que los puertorriqueños estén*
> *bien representados, dice la casa blanca, dice que nos representan estos*
> *puertorriqueños.*

MÍSTER CARLOS GARCÍA Y MÍSTER JOSÉ CARRIÓN
SON REPUBLICANOS PUERTORRIQUEÑOS.

MÍSTER JOSÉ RAMÓN GONZÁLEZ Y MISI ANA MATOSANTOS
SON DEMÓCRATAS PUERTORRIQUEÑOS.

MÍSTER ANDREW BRIGGS NO ES PUERTORRIQUEÑO.

AHORA MÍSTER ARTHUR GONZÁLEZ
ES MÁS PROFESOR DE NYU QUE PUERTORRIQUEÑO.
LE GUSTA CAMINAR POR LA PLAYA DE NOCHE
Y RECORDAR LA ÉPOCA EN QUE COMÍA CARACOLES.
SUS ZAPATOS SE LLENAN DE ARENA.
FANTASEA CON DEJARLO TODO
Y RETIRARSE A UNA PROPIEDAD LINDA FRENTE A LA PLAYA.

AQUÍ ESTÁ EL PROFESOR DE PENN DAVID SKEEL (CABRÓN Y NO
PUERTORRIQUEÑO). escribe libros sobre la bancarrota en detroit, la
cristiandad y la ley. cree que con la fe podemos sanar este mundo quebrado.
según amazon, su libro, TRUE PARADOX: HOW CHRISTIANITY MAKES
SENSE OF OUR COMPLEX WORLD, promete que la existencia de DIOS
podría explicarlo todo. nunca quise leer su libro, pero me preocupa que
esconda algún orden, alguna llave para decodificar quienes cortarán primero.

niños jóvenes amerikkkanos como míster skeel sueñan con estudiar leyes/
la bola nerf brinca y cruza la superficie de la chorrera de agua/ primera/
cortadura/ primer accidente/ ¿qué pasó, david?/ ¿dónde está?/ ¿te duele?/
transparencias: los campanarios se inclinan/ pasa la clase de biología/ la
historia de este país es: sé bueno con tus ciudadanos,

pero lee las cláusulas/ si eres demasiado joven para disfrutar de los goldfishes/ agarra una lonchera roja de superhombre/ talla campos de calabazas/ debajo de la cama existe otro país/ mami, vienen/ pelan mis rodillas/ las gentes monstruosas que tocan, tocan en la puerta de mi cuarto.

nenes como david le dicen a sus maestras que quieren ser policías, o mejor, se hacen ricos y hacen bien. conocí a david de chiquito. salía en nick at nite. soñaba que deambulaba por algún pasillo, perseguido por demonios coloniales. cuando seas grande, david, gobernarás mi país, si eres divino, si eres dios. bajarás el salario mínimo, cortarás los presupuestos de los hospitales, cerrarás las escuelas. si DIOS es bueno, respetarás sus deseos y amarás a tu patria. david sabe que así será, porque él y DIOS son PANAS.

MÍSTER GOD NO ES PUERTORRIQUEÑO.
MÍSTER GOD ES PUERTORRIQUEÑO.
MÍSTER GOD ES EL MIEMBRO NÚMERO NUEVE DE LA JUNTA
PORQUE EL MIEMBRO NÚMERO OCHO ES PUERTORRIQUEÑO
Y COMO SE IMAGINAN NO PUEDE VOTAR.
ES NUESTRO ILUSTRE GOBERNADOR RICARDO ROSSELLÓ.

algunos puertorriqueños pelean todos los días contra el imperialismo. algunos puertorriqueños pelean todos los días y descolonizan como si almorzaran. sobra el amor. sí. está mayagüez. sí. cuando duele, le hablo a otros puertorriqueños, aún cuando algunos puertorriqueños son opresores, aún así, prefiero hablarle a otros boricuas. aún cuando te

escucho, amiga gringa, y te hablo. aún cuando sé que pelearías por mi y yo
por ti, aún así, le hablaría primero a k, e, r, y y primer. esto no es cultura. esto
se llama hogar.

estoy cansada del cansancio. quiero que mis amigos no trabajen tanto.
quiero que alguien proteja los ríos. quiero que el coquí dorado sobreviva
la expansión ilimitada de los walgreens. quiero pelear contra los guardias,
leer poemas bajo una carpa frente al tribunal federal y entonces quiero
desposeerlo todo y sacar los buitres a chancletazos. quiero que la esperanza
sea más que un motivo literario. estas palabras pesan más que todos tus
libros; más que la casa, el café, el trabajo en sí.

este año, el viejo imperialismo cambia de traje de baño, pero cuando estoy
en un poema, sé que la luna del poema me reconoce, aunque naciera en la
tierra. en mi poema, yo poema(v.) con la muerte. mis amigos me advierten
que cada palabra en un poema puede ser utilizada como evidencia en un
tribunal, pero les recuerdo que todas las leyes en un poema puertorriqueño
pueden ser anuladas por la junta según SEC. 4. SUPREMACY. subsection
(18) TERRITORIAL GOVERNMENT. (B) EXCLUSION.

"*lo terciario*"

para miguel hernández
"perito en lunas"
"lunicultor"

la luna es poliedro tras cultivo,
montículos de domos,
superficie acantarada,
pentagrama inflado,
dimensión añadida.
al morir dirán que el espectro es la dimensión (i)
de la existencia: lo terciario.

levitación a otro astro para entrar
a sus huesos

           de queso raído
           gofios=pirámides(+)esferas.

la tierra en la luna es (cál)culo del sol.
la tierra desde la luna:

           un subibaja.

esto de superarse (fascismo),
esto de superior (franco),
es ir al afuera del otro planeta
llamado luna por ser número tres
como todo el deseo tan cuir
del tenebrario.

no hay gravedad en el cuartel.
todo flota como corimbo.

existe la trayectoria entre luna y tierra
llamado cultivo o nada,
la sonoridad huevona del tambor que cautivó,
de cautivo,

la tierra que ocupas en el centro del poliedro,
el sinónimo doblado como cebolla.
para ti en youtube, igual para ti en el futuro #.
todavía en la frontera está
vez cómo sabías.

las pinzas y/o las agujas tenemos acicaladas
las dentaduras hasta 140 caligramas.
un limítrofe bene(viole(n)ta)
a causa de miguel hernández.
creo en ennudarnos
y llevar cuadriculadas con diamantes
las pezuñas.

por diosa, mata la cucaracha.
cásate con nosotras las lembepútridas de amol.

figura bien qué haremos ¡las armas!
figura bien los códigos para romperlos
sobre mi rodilla o con los dientes
arrancarle la etiqueta a la nave.

a primera vista, una *mercancía* parece ser una cosa trivial,
de comprensión inmediata.
pero todo buen pensador verá que es un objeto endemoniado.

el ábaco cuenta que la historiografía es el arte de los objetos,
como se hicieron nuestros, como nos hicimos.

vinagre, aceite, bacalao, legumbres secas,
estas son las sutilezas metafísicas y reticencias teológicas
de pertenecer.

pabilosamente centrado y encendido,
nuestro carácter fortifica lo esencial.
carlitos explica que en cuanto a valor de uso,
no hay misterio,
pues satisface las necesidades humanas
y en lo humano no hay misterio,
en lo animal no hay misterio,
ni en la necesidad,
que es obvia.

no creas que es ortodoxia.
es que somos tan concretos
que si nos tiran en el mar,
vamos al fondo más fondo
de todos los fondos estatales.

las mercancías endemoniadas
(valga la redundancia)
son cosas sensorialmente suprasensibles,
según el gran libro de las circulaciones infernales.
las mesas bailan bachata en el segmento titulado
el carácter fetichista de la mercancía y su secreto.

los paipayes en llamas,
ramos de aves de paraíso,
el tronco y las cortinas registrándose mutuamente,
filamentos de tela y corteza:
el huracán no es metáfora.
hasta la circulación poseída
no es otra cosa que la labor del viento,
de los procesos geológicos,
y la furia del espíritu de la época.

"the term 'puerto rico' means the commonwealth of puerto rico"
- la ley PROMESA

el gasto del cerebro,
la *duración* de aquel gasto,
la *cantidad* de trabajo,
la diferencia entre la *cantidad*
y la *calidad*.
el término *puerto rico* significa
externalización de las medidas,
la calidad de una ciudadanía secundaria.
pero no hay término *puerto rico*
porque no hay *duración* del terminar.
la *cantidad* de (ex)terminaciones *puerto rico*
en el cuerpo y su tiempo de trabajo universal.
los terminales de los oídos de estrella muerta en inglés,
naves de tropatormentas y rebeldes.
si acaso soy cine,
sólo mídeme según la diferencia.
ser lo secundario
es estrenarse como producción de los medios de subsistencia,
es enterarse que el estado de desarrollo
es subestándar.
me trastorno en forma *social*

tan pronto comienza la defunción.
una relación física entre cosas físicas.

discutiremos esto en términos puerto rico
cuando llegue el intérprete de fantasmagorías.

terrible animal

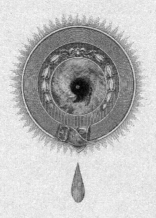

digo te amo tantas veces que se me quema la tráquea.
las palabras son una lupa
que me acerca al sol.

te amo.
nos amamos.
¿aquí quién recuerda el amor?
si vuelan poemas, son mariposas nocturnas,
fugándose de editores que mecen antorchas.

salen de mis oídos,
espuma de un mar
que grita y gime,
ansiosa por la hora,
en una fila interminable,
bajo un calor sin agua potable.

encocleada, me abanica tu voz, mamá,
y me asfixia tu ausencia, abuelita.

antorchas insorteables,
teléfonos, objetos fugaces,
una peli de chaplin,
pero el chaplin que pasa por la mágica
y nos recuerda que es una librería.

¡objetos!
¡objetos voladores que caen de un cielo sin alimentos!
¡objetos que vuelan por los aires
y estallan contra memorias!
¡notas desde una celda 100 por 35!
¡poemas! ¡caimanes destripados!

de san juan a mayagüez cabe la luna,
aunque sea puertorriqueña y chiquitamente enorme,
aunque quiera suicidarme a cambio de una isla;
pero, ¡ay, me necesitan! ¡ay, te necesitan!

(((dime gringuita, ¿dónde guardas tu corazón, esa manzana envenenada?
¿quién editará tu cara de terciopelo, tu invento del día como un velorio liso,
marcadores entre dos páginas llamadas río y cielo, costa y casa, lluvia y
sequía?)))

¡caníbales, este es un llamado!
¡devoremos los corazones de nuestros benefactores!
¡a falta de pan, cocinemos los deditos finitos de los humanitarios
para quienes somos crisis!
¡ahoguemos a los colonizadores, aunque de sus cuellos cuelguen
cruces rojas o azules, en hospitales sin salvadores, ni luces,
con monjas sin fe que apalabran la muerte!
¡la ayuda que nos hace falta es la libertad!

el puente de añasco me cruza
porque soy agua,
porque estoy contaminada
y contamino a las amistades
dulces y blancas,
paredes de instituciones,
ajá ajá gracias.
miradero está rodeado por estancamientos.
el tapón más tapón se atapona desde
las ramas desnudas.
no sé sino amar a mi gente con la fiebre
de un enfermo sin medicamentos,
en un hospital de san juan,
o una cama, en una casa
de un barrio, de algún pueblo
que grita como grito,
¡devoremos la colonia!
¡vomitemos gritos
con un terror atempestado!

ay, pero llama, abuela.
llama hoy si puedes encontrar señal
o entra de noche por un sueño.
dime que estás viva.
resucítame.
quiero abrazarte.
quiero crecer alas

y volar a tu nido,
allá arriba,
donde no nos llega el agua.

AGRADECIMIENTOS

le agradezco a *Waxwing Literary Journal, ATTN:, Femmescapes, The Wanderer, Apiary Magazine, About Place Journal, Elderly Magazine, Noble/ Gas Quarterly, Queen Mob's Teahouse, Boaat Journal, The Brooklyn Rail* y *smoking glue gun magazine* por publicar versiones preliminares de algunos de estos poemas.

le doy gracias a ura por la bella introducción y a josé ortiz pagán por el arte. gracias a mami, ricardo maldonado, denice frohman, colette arrand, angel dominguez, ginger ko, vanessa angélica villarreal, gaddiel francisco ruiz rivera, eïric, nicole delgado, julio ramos, angelía rivera, gabriel ojeda sague, carina del valle schorske y mil gracias a los editores de noemi press por su dedicación al libro. también le agradezco al comité del national book award por escoger este libro como finalista y al comité de lambda por reconocer que esta poesía es trans, cuir y decolonial.

finalmente, le doy gracias a todas las personas que compraron el libro, lo leyeron y sintieron su llamado, especialmente los boricuas. vivo por y para ustedes.

siempre se me olvida incluir a alguien,
así que para los que no están: <3

Greetings from

THE TERTIARY

RAQUEL SALAS RIVERA

Copyright © 2019 Raquel Salas Rivera

2nd Edition published by Noemi Press
www.noemipress.org

ISBN: 978-1-934819-82-1

Cover and interior design by Sarah Gzemski
Cover & interior images by José Ortiz Págan

Presented as part of the Akrilica Series with
support from Letras Latinas.

THE AKRILICA SERIES

Letras Latinas
INSTITUTE FOR LATINO STUDIES
UNIVERSITY OF NOTRE DAME

FOR PUERTO RICO

NOTE ON THE TRANSLATION

the titles of these poems comes from pedro scaron's *el capital*, the 1976 translation of karl marx's classic, published by siglo veintiuno editores, this translation was commonly used by the puerto rican left as part of political formation programs during the 70's and 80's. i have translated the translation into third-degree proximity.

karl "carlitos" marx, pedro scaron, and rsr

INTRODUCTION: RAQUEL SALAS RIVERA'S POETICS OF RADICAL INVERSION

Raquel Salas Rivera's *lo terciario / the tertiary* emerged in the spring of 2018, after that "longest fall" (79) of 2017, when Hurricane María devastated the Puerto Rican archipelago and the broader Caribbean. As someone born and raised in Puerto Rico yet based on the U.S. mainland for over two decades, I was dazzled and moved to tears by the book's eerie lyrical and political clarity, especially as so many fellow Boricuas and I struggled to find a language appropriate to our grief, anger, and loss. The last poem in *lo terciario / the tertiary*, the only one written in the aftermath of the hurricane, eloquently exhorts us to fight using a Caliban-esque, anthropophagous inversion:

cannibals, this is a call to action!
let's devour the hearts of our benefactors!
breadless, let's cook the thin fingers of the humanitarians
for whom we are a crisis!
[...]
the help we need is freedom! (80).

While *lo terciario / the tertiary* is and was received as a book "about" PROMESA, the 2016 U.S. federal law that established a neocolonial "oversight board" or "junta" to restructure Puerto Rico's debt, Salas Rivera's strategy complicates simple notions of "about"-ness. Instead, the book relies on a series of tactical inversions that challenge so-called political poetry as it has been understood and practiced across the Americas.

The first of these inversions is linguistic: *lo terciario / the tertiary* is not just a bilingual book or even a "flip" book that forces us to turn the book upside down and therefore "invert" our con-

ventional reading practice; it is also a masterpiece of translingual writing that turns self-translation into a meditation on the indebtedness of language to body and on the deficit involved in all translation. In its own defiant way, *lo terciario / the tertiary* is a tactical manual for radical "translanguaging" in Ofelia García and Li Wei's sense of the term (*Translanguaging: Language, Bilingualism and Education*, 2013). Translanguaging subjects are not idealized bilinguals who work across discreet and autonomous languages, rather they creatively confront the "ridges and craters of communication" in uneven und unequal interactive terrains (García and Wei, 16), reflecting "the expanded complex practices of speakers who could not avoid having had languages inscribed in their body, and yet live between different societal and semiotic contexts as they interact with a complex array of speakers" (18). Such translanguaging strategies are essential for Boricuas, as we have lived for centuries "transing the standard" (Gloria D. Prosper-Sánchez, 2007) of the imperial English and Spanish imposed on us. The nonbinary here is also about language: about rejecting an English-Spanish binary that reinscribes what Édouard Glissant would call the "vehicular" languages of empire (*Poetics of Relation*, 1997, 116), and about embracing a constellation of nonstandard, fugitive languages of survival, struggle, joy, and pleasure. (If you're reading this tertiary poetics in English, keep in mind your language may be terse when it needs to be airy!)

The second of these inversions is uppercase-P-political, although it is inseparable from the pitfalls of translation, specifically Pedro Scarón's classic 1975-76 translation of Karl Marx's *Das Kapital*. Scarón's translation, highly influential among the Puerto Rican Left and across Latin America, is an attempt at a critical edition that navigates the several versions of Marx's text and maps Marx's slippery poetics of self-revision, and thus is itself a model for

Salas Rivera's capacious and revisionist (self-)translatorly prac-
tice. Salas Rivera poignantly and pointedly asks what Scarón's
Marx, and with it the vestiges of a largely cishetero-patriarchal
1970s anticolonial Puerto Rican Marxism, can do for Puerto Rico
in our age of neoliberalism's death drive into ecocidal extractiv-
ism and austerity. Let's remember that Scarón's Marx was pub-
lished in the neoliberal dawn (and by a publisher named Siglo
XXI, no less!). Let's also remember that Marx's thought has often
been understood as a materialist "inversion" of Hegelian ideal-
ism, and that further subversion/reinversion of Marx and Hegel
has helped shape Caribbean anti/postcolonial historiography
and theory (see C.L.R. James's *Notes on Dialectics: Hegel, Marx, Le-
nin*, 1969).

2019 capitalism is not the 1970s variety, and so we might agree
with Italian Marxist Franco "Bifo" Berardi that, given "the con-
gested pace of the immaterial assembly line of semio-capitalist
production" we now need poetry more than ever, in the sense
of "refrains that disentangle singular existence from the social
game of competition and productivity" (*The Uprising: On Poetry
and Finance*, 2012, 146). Still, Berardi's notion of poetry seems too
close to good, old-fashioned Romanticism, with its celebration of
the individual and its focus on lyric vision. Both of these must be
a part of the strategy, and indeed *lo terciario / the tertiary* summons
lyric vision forcefully and unabashedly. Ultimately, though, Salas
Rivera is perhaps closer to Sayak Valencia, for whom the antidote
to today's at once violent and spectral "gore capitalism" lies in lib-
erating the body from the media discourses that spectralize it; in
resemanticizing the weight of the body against a capitalist, patri-
archal, and "gore" framework; and in the resignifying of public
space through queer multitudes (*Capitalismo gore*, 2010, 198).

The third, inversion, then, is lowercase-p-political, understanding that there is no other way. We are, following Valencia, our spectral multitudes. It is about gender and sexual politics, but that's just one way to put it. *Invertido/a* (inverted) is of course a derogatory term for "gay" (like "queer" in the old sense but fueled by gender normativity). Still, the real slurs here are *inversión* (investment) and *inversionista* (investor), as *lo terciario / the tertiary* calls out by name the investors in and architects of Puerto Rico's postmillennial austerity: David Skeel (68), member of the PROMESA oversight board and a law professor at UPenn in the author's adopted hometown of Philadelphia; Jason Bennick (12-13), software-company CEO and Puerto Rico bond-investor; the Puerto Rican politicians (many affiliated with the Democratic Party) that have cheerlead and/or profited from the archipelago's dismantling and its reemergence as a site of simultaneous speculation and specularization. Cutting through this neoliberal theater is the hegemony of whiteness, as largely light-skinned and elite Puerto Ricans protect their privilege by aligning themselves with austerity policies put forward by and for U.S. white elites. Even queerness itself is playfully mocked, sarcastically echoing Mao, as "an imperialist importation" (67), as Salas Rivera also mercilessly ironizes the imported languages of U.S. (neo)liberalism, including "diversity talks" and the beauty of other cultures (67). From the "inverted" perspective of the queer colonial subject, Salas Rivera confronts the investor-backed dystopia of contemporary Puerto Rico— "in my dream, they distribute the sea to investors" (61)—all the while deploying dazzling metaphorical inversions ["prisons made of sea urchins and red coral" (62)] that liberate us from colonial logic.

Liberal do-goodism cannot meaningfully engage the precarity of post-María life in Puerto Rico, where everyone is "standing in

an interminable line, / under the heat without clean water" (79). Salas Rivera's is not a liberal-left poetics of witness but rather a complex écriture that remixes lyric, narrative, transcreative, and auto-ethnographic elements from the perspective of someone born and raised in Puerto Rico yet situated on the U.S. mainland and working translocally across and along poetry and activist communities. *lo terciario / the tertiary* is a key part of a vibrant though internationally little-known twenty-first-century Puerto Rican poetic tradition of writing against austerity, spanning texts as important and as different from each other as José Raúl "Gallego" González's *Barrunto* (2000) and Nicole Cecilia Delgado's *Periodo especial* (2019). Like Delgado's decolonial ecofeminism, Salas Rivera's work can be understood in a post-Vieques frame, in the sense that the grass-roots (and ultimately successful) movement to get the U.S. Navy out of the Puerto Rican island of Vieques, which it had occupied since World War II, galvanized many people (including many young people) frustrated with an abstracted anticolonial politics focused on the eternal question of Puerto Rico's political "status." This grass-roots energy has extended over the past two decades into social justice movements for women, for LGBTQ+ and Black Puerto Ricans, for Dominicans in Puerto Rico, and for community land rights and environmental justice, and it animated the student-led strikes at the University of Puerto Rico. (In addition to being a historical hotbed for activism and its repression, UPR has long been a central target of pro-austerity forces and a key site for anti-austerity struggle long before PROMESA paved the way for an unelected fiscal control board's gutting of Puerto Rico's public education.) Salas Rivera's work lucidly invokes these various struggles (several of which they have actively participated in), ultimately emphasizing their interlocking nature, and thus bringing a much-needed intersectional perspective to good old Boricua Marxism and its discontents.

Even as it expands upon two decades of anti-austerity poetry in Puerto Rico, *lo terciario / the tertiary* embraces diaspora as a space of radical critique. The acidly irreverent all-caps of "MÍSTER GOD NO ES PUERTORRIQUEÑO" (69) echo the sovereign wit and performative politics of Pedro Pietri's *Puerto Rican Obituary* (1973), a foundational Nuyorican text that also grew out of social movement struggle and that also diagnosed the necropolitics of Puerto Rican colonialism with a righteous mix of irony, anger, hope, love, and heartbreak. We might recall that Puerto Rican Obituary was published by the Marxist Monthly Review Press, but also that Pietri rejected dogma of all kinds in the name of an indomitable poetics full of radical inversions and contradictions/ counter-dictions, at the limits of the page, where, as Salas Rivera puts it, "a diamond becomes a hummingbird" (46). For Salas Rivera, we do not evolve into higher beings capable of the properly calibrated Marxist consciousness, rather we "return to the sea" in a process of "inverse evolution" (41). *lo terciario / the tertiary* concludes with a powerhouse invocation of one of the twentieth century's great political poets, Miguel Hernández, who died of tuberculosis after fighting for Republican Spain, yet Salas Rivera focuses on Hernández's earlier poetry, specifically the ludic/erotic chains of wordplay and metaphors in his Góngora-esque *Perito en lunas* (1933). Similarly, the Boricua feminists invoked here are geniuses like Marigloria Palma (c. 1921-1994) and Angelamaría Dávila (1944-2003), whose gift was not just in representing the gendered (and racialized body) but in challenging the terms of representation through dense yet eccentric *langscapes* full of metaphorical, imagistic, and syntactic innovation.

What we discover in reading Salas Rivera is not just the urgency of Puerto Rico as "an anxious light on the world map" (24) but more generally the vertigo of our *indebtedness*. From the start,

the book locates colonial debt in a relational web that involves our debts to one another, to friends and family, to the land, to the poets and activists that came before. Whether fantasizing about sinking cruise ships and imagining "an anti-cruise ship of hope" (47), decrying how "the federal government (re)possessed the house" (40), or worrying about the wellbeing of protesters camped out against the fiscal control board (64), *lo terciario / the tertiary* remains "indebted" to Scarón's Marx, especially as the titles of the poems in the book are taken from Scarón's translation; Salas Rivera then translates the translation into what they call in the "note on the translation" at the start of the English version "third-degree proximity." (There is no third-way centrism here: a threesome can be awesomely gruesome like Bree Newsome defacing the state's organism. Spanish readers won't get these puns; you should feel special, oh, chosen ones: you spell the "ti" in Salas Rivera's "tertiary.")

In Marxist economics, the tertiary refers to the service sector, that which is neither the primary "raw" material nor secondary manufacturing, and the largest and fastest-growing sector of Western economies. As a small colonial archipelago, Puerto Rico has been the subject of countless historical modes of "tertiarization," and even now, purportedly progressive platforms for Puerto Rico often rely on tertiary fantasies, typically involving tourism (or pharmaceuticals, as in the case of the Section 936 tax exemptions whose 1995 repeal contributed to the archipelago's financial crisis). (See also Lin-Manuel Miranda, whose liberal do-goodism on behalf of post-María Puerto Rico did not stop him from infamously advocating for PROMESA, and Salas Rivera's witty and insightful ongoing critiques of Miranda.) Of course, in this book, the tertiary is also playing with the nonbinary (English-Spanish, and especially male-female), as in the poem

"The Debt-Circulation Process," where the speaker confesses "i remember that first time i read marx, / i wanted to be marx and also wanted him to like me. / that was the most important thing: / that carlitos like me" (33). This initial act of becoming "Carlitos" Marx playfully prefaces moments of gender fluidity later in the text—"i adjust my tie / the eyeliner runs (51)"—but it also underscores how a Marxist critique of capital can help us understand the policing of bodily difference and the obstacles to all kinds of liberation: "you didn't have the time or money / to fill out the form / for change" (49). The evanescence of money lays bare the violence of capitalism and its gendered norms, but our awareness of capital's evanescence is also a condition of possibility for us to realize that "proximity is sufficient" and to become aware of the traps we fall into when "you say boy or girl to my personification" (48).

Salas Rivera's Philadelphia location is also significant (they have lived in the city for most of the past decade and are currently its Poet Laureate). The coat is Marx's classic example of use value (the coat has value in that it keeps us warm, etc.), yet that coat has a different value in tropical Puerto Rico and still becomes essential for Philadelphia Ricans in the harsh winters of the imperial North. Salas Rivera asks us to imagine we "go to Philadelphia / to look for the coats much needed / by the abuelas" only to be told that "*here in philly we don't accept coats*" (16-17, italics in the original), and then develops this *speculative* exercise into a meditation on the violence of (Puerto Rico's) *debt: in exchange for this debt we only accept coats* (16, italics in the original). Salas Rivera's politics is less cultural nationalist than diasporic in Stuart Hall's sense: it is attuned to a non-essentialist and Marxist understanding of diaspora as a critical potentiality, a "play of 'difference' within identity" ("Cultural Identity and Diaspora," 1993, 228).

If Pietri's eccentric necropolitics involved revealing the Puerto Rican Great Migration's promise of freedom in the industrial cities of the North as one big sham, Salas Rivera finds that industrial city liquefied into precarity, debt, gig economies, urban centers that no longer make stuff so that they survive through gentrification, speculation, and displacement, spitting out the poor, Black and Brown bodies that sustained them over decades of massive disinvestment. Books of Nuyorican poetry like not4prophet's *Last of the Po'Ricans y Otros Afro-Artifacts* (2014) and Willie Perdomo's seminal *Smoking Lovely* (2003) have mapped the new New York as "neoliberal city" (Arlene Dávila, 2004), but Salas Rivera tells a different, if related, tale about Philadelphia, especially as in this edition their poems are framed by artist José Ortiz-Pagán's striking images of colorful bonds decorated with stylized skeletons and corpses. The phrase "cero a la izquierda" (slang for "useless," and literally "zero on the left side") adorns many of the bonds, in a further vertiginous subversion of Marx's use value. (One of the bonds includes the striking term "descorporado" or "discorporated," a fitting complement to Valencia's spectral gore capitalism and its gutted bodies.)

Ortiz-Pagán's website identifies him as a Philadelphia-based Puerto Rican artist whose work explores "postindustrial" and "neocolonial" intersections. I don't know why, but those two terms immediately brought to my mind a poem from Miguel Piñero's *La Bodega Sold Dreams* (1980), "Spring Garden—Philadelphia," about the then stigmatized but now gentrified neighborhood near downtown. That poem begins "Spring Garden wears a welfare coat — / in the summer . . .," as if resignifying Marx's coat for the postindustrial city where Latinx folks have to bundle up (year-round, hip-hop-style) to go to war with

the city. Piñero understands the value of Spring Garden, even in all its decay, as the bill collectors keep coming despite the breakdown of the schools and the fact that libraries are often closed (me llamo *extractivism*). It's hard to read Piñero's poem and not to think of its eerie similarities to the present day, both in Puerto Rico and its diaspora. Since Spring Garden has since gentrified, where are all those people now (a question we might begin asking of Old San Juan and parts of Santurce, as real estate speculation there reaches a fever pitch)? We have tended to see the struggles of Puerto Ricans in the archipelago and the diaspora as separate, but as Carmen Teresa Whalen reminds us in her classic *From Puerto Rico to Philadelphia: Puerto Rican Workers and Postwar Economies* (2001), the displacement of Puerto Ricans from Philadelphia required a concerted public policy along similar lines to the one underway now in Puerto Rico: the gutting of jobs, structural housing neglect, and the segregation of urban space. (See Zaire Dinzey-Flores's *Locked In, Locked Out* for a sobering study of gated communities in contemporary urban Puerto Rico.) Increasingly, as real estate speculation has become a crucial part of the global economy, it is bond holders, real estate developers, and the politicians they fund who will have an outsize role in reshaping Puerto Rico and its diaspora.

Despite the bleakness of our present moment, when "THIS DEBT IS PAID WITH BLOOD" (58, uppercase in the original), Salas Rivera reminds us that the only way forward is from one's body, confronting the solitude of this neocolony yet seeking and speaking out. For us queers, this can mean defending family members from investors even though, "after orlando, they never called us," and even as they scold us "for believing family is optional" (39). In this moment when everything seems im-

possible, Salas Rivera reminds us that we impossible subjects can speak to and from that impossibility (60) and claim utopias in the now, where "my being queer future is here" (52). (Note to self: this tertiary is inverse and in verse; quite a vers tertiary!)

We're at a moment when we need lyric transcendence (Berardi's "refrains that disentangle") but also process writing (Valencia's queer resignifying). One final binary that *lo terciario / the tertiary* breaks down is that between the processual (in the juridical sense of trials, too) and the potential, between documenting the fall and refusing to reduce art to its documentary function. And geographies. Salas Rivera's writing is not fully contained by Puerto Rico or Philadelphia: it embodies what Achille Mbembe calls an "étique du passant" that is decentered, attuned to the enmities of translation yet opposed to the logic of war, and willing to embrace both solidarity and a certain detachment but never indifference (*Politiques de l'inimitié*, 2016, 177).

In the few months since its publication, this book has sustained and inspired the very kinds of communities documented and reimagined in its pages. It has also challenged these same communities to live and dream again, in ways that could become languages for future lives and dreams. There is no mirror; every version of ourselves is an inversion. Materialism is a dream just as much as idealism, but dreams have always sustained us, in all the beauty and failings of our bodies. I thank Raquel Salas Rivera for letting me/us dream again, from the utter clarity of our nightmares.

Urayoán Noel
The Bronx, NY
April 2019

THE
TERTIARY

LA AGENCIA

0

BRDWNE0026112013   La invasión de los 65

THE DEBT-PRODUCTION PROCESS

"the nature of these necessities,
that they originate, for example,
in the stomach or the fantasy,
does not modify the problem."

"all their sensible properties have blended away"

the products of labor have their residues.
we call these residues spectral objectivity.
we call this spectral objectivity mere gelatin.
we call this mere gelatin crystallizations of the common social substance.

we call these crystallizations value.

but the value that is use value only has its value because tío jun fixed chairs,
and because titi irma lost her mind and wrote letters
where the handwriting grew until it filled entire pages.
she smoked and shared with the homeless that made flowers of palm leaves
and would give them away—for a dollar—they'd watch your car—

when she dyed her hair, later when the roots grew clearly dark,
when she was dying of hunger because of the forgetting,
later when she drew with eyeliner
3 centimeters above her lashes,
her eyes wouldn't close and she smelled of stratified tobacco,
on those occasions and others, she accumulated, for example,
value.

you're looking so beautiful and how's yoli
the mayor went to her funeral because she was loved, he said,
and because she accumulated value for the whole town.

i.

when considering use-values,
one must always presuppose their quantitatively determined character,

such as the *dozens* of times i passed albizu's statue without seeing it,
one tuna factory, a *ton* of sharks

that eat from the discharge, etc.
the *fictio iuris* prevails in me since i do not possess

a thorough knowledge of sharks,
or how the factory creates an imbalance in the coastal ecosystem

(or how i created an ecological imbalance
in my second girlfriend's family ecosystem when i ate from the discharge).

the *body* of a commodity is in fact a *use-value* or good.
the use-value becomes effective only through use or consumption.

let us carefully examine this matter.

ii.

an individual commodity,
for example, a *quarter* of pan de agua,

is exchanged for other articles in the *most diverse proportions*.
mornings talking about the unpostponable payment

finally replaced by the acronym i.o.you.
the i. owe. you. this. much. time taken from my day

is exchanged for a call to the unemployment office
that anyone would say has nothing to do with the pan de agua

or the strong espresso no milk.
nonetheless (what a jawful thing)

its exchange-value remains unchanged,
whether it is expressed in x pan de agua, y minutes of phone call, z i.o.you., etc.,

where x equals y equals z equals zero.

iii.

it must (yes must as in owed), therefore,
possess a content that is differentiable from those diverse *modes of expression.*

let us take two other commodities,
for example, the adoquín and its poequivalent: the yearned adoquín.

whatever its exchange rate,
we can create a little formula that reads:

1 adoquín=100000000000000000 ya,
but these things, being as dissimilar as august 2 and august 3,

as dissimilar as cnn and noticentro,
as dissimilar as the public-financing corporation

and the government development bank,
as dissimilar as spanish and gringo colonialisms,

have to be equivalent to a third thing,
have to be reducible to this third thing.

a simple geometric example will show
that triangles, like adoquines,

require something *in common* in order to participate in numerical exchange. this something in common cannot be natural or corporeal.

it does not contain a single adoquín of use-value.

iv.

we call *useful work* the work whose usefulness
is represented in the use-value of its product as *useful effect.*

its usefulness is made evident through a *social division of labor.*
a set of dissimilar useful jobs,

equally differentiable, radially different,
led tití teresa to work in the tuna factory.

nonetheless, it was not teresa who told me about the discharge,
for she barely discussed work,

even though her clothes always smelled like tuna and she changed soaps
like merchants exchange commodities,

like a multi-membered system changes productive branches,
like one changes one's specialized profession when there are no jobs,

like one learns an unknown trade
when fish cans are needed

(you'll be seventy five cents),
like one trains oneself to bear the stench of a hug

when it comes from she who knows how much is owed and what to value.

"the more idle and unskillful the laborer"

the productive force of labor is not,
contrary to popular opinion,
fixed by the government of puerto rico.

JASON BENNICK has confirmed
that his company can produce
three new beaches by filling in the strait
between the isla de cabras and san juan,
creating hundreds of miles of sand employees.
his company, míster sand, principally
produces edible sand toys,
but for more than a decade he has wanted to expand
his interests to calid zones, for he informs us that

> *i just wanted to go somewhere warm, you know?*
> *and i heard about the bonds in puerto rico and how cheap they had gotten,*
> *so i told martha, well, we can move to florida or we can move to puerto rico.*
> *i like it here. it's the perfect moment for this sort of venture.*

when we asked how he planned to create the algae effect,
he informed us that various farms would produce a lemon green algae
because his dream was to eventually guarantee
the investment of a beer company
whose name he did not wish to divulge.

the normal condition of production active in a society

    + the median social degree of labor's dexterity and intensity

    + the color of mister bennick's algae

    + the state of development of science and its technological applications

    + the amount of trips i've taken to la isla de cabras

    + the capricornian archetype and its fixation on the domestication of labor

    + the letters she wrote to yoli

    + the cigarettes of an entire lifetime

    + the social coordination of the process of production

    + the cost of T on the market

    + *the natural conditions*

mister bennick assures us that,
as long as they are not idle or unskilled,
all the sand men
will have the same opportunity
to apply for employment in his company.

"coats are not exchanged for coats"

let us take two commodities such as
50 years of work and one debt
accumulated over 50 years.

as proprietor of the first
you decide to take it to caribe hilton banking
where *i offer my life to pay this debt.*

but they explain that *it's not enough*

> just as the debt and the fifty years of work have use-values
> that are *qualitatively different,* so are the two forms of labor
> that produce them: that of the investor and that of the colonized.
> your life is not enough. you will have to pay with the labor
> of your children and your children's children.

let's say you tell them *i never had any because*
i never wanted to make heirs of those who
barely know the difference
between milk and coquito.

but they explain that, even if you don't have a lineage,
your neighbors, the dog that plunders your trash,
doña sophia with her luminous rosary,
your abuela that barely leaves the house to go to the pharmacy,
angelía that still awaits your book,
luis that finally has a job but still has debts to pay,

that guy who mugged you for ten bucks
will inherit.

imagine
that you come back with your neighbors,
with your abuela, with the dog
that sometimes searches your trash,
with angelía, with luis, and say
here are my heirs.
do you accept our payment?
will you terminate our debt?
will you erase our names from the system?

but they say
where are the rivers?
el río guajataca, el río camuy,

el río cibuco,   *el río de bayamón,*
el río puerto nuevo,   *el río grande de loíza,*
el río herrera,   *el río mameyes,*
el río sabana,   *el río fajardo,*
el río daguao,   *el río santiago,*
el río blanco,   *el río humacao,*
el río seco,   *el río maunabo,*
etc. etc. etc.

they will be your heirs.

this time you decide to get ahead.
like a specter you haunt all of puerto rico.
you grab handfuls of whatever:
gasoline station umbrellas, limestone,
birth certificates, shutdown shops,
etc. etc. etc...

you go back to the bank with your island so densely ingested
that you cough up burials and streetlights and say
here i have all that fits
between the caribbean sea and the north atlantic.
here i have: my imaginary.

but they say
you owe nothingness,
your account has a negative balance.
in exchange for this debt we only accept coats
but this you definitely don't have
because it's almost never cold
in puerto rico.

let's say you go to philadelphia
to look for the coats much needed
by the abuelas, the angelías, the río maunabo, etc.
you work hard, look for a license with a renewed address,
buy three four five hundred coats,
go to the local branch and say

here they are.
i would like to pay that debt.
but without looking up they answer
here in philly we don't accept coats.

let's suppose that in the pasteles box
you send the coats to your mother
with a note that reads
payment: puerto rican debt,
and mami (after decoding your handwriting) carries
the box to the local branch of the banco popular, caribe hilton banking
or loquesea bank, where they give her a look and—before she can say a
word—indicate to *turn in coats, use line number three.*

imagine that it is a long, longer, almost interminable line,
a line that spans 50 years.

"work is the father and earth the mother"

the imported mangós taste like pineapple.
the manholes
are replaced by orange barrels:
all metal has value on the market.

the store that sells all
sells me mangós for 14 dollars
because i've said that in puerto rico
we have medium but unforgivable fruits.

scalpel burials are like concerts of shackles:

> *you suffered scalpels,*
> *bury them.*

> *see via carousel repetitions*
> *horses like real children.*

the earth where the rocks are buried,
the earth where they bury my fist,
the earth where i died a sailor

:give me your hand ericka:
they are palm lines,
scalpel cuts,
root of ceiba,

are piss in the snow, informing,
traffic of hormones with group id.

for each scalpel you bury,
a triceratops conch is born,
umbrella screw, celestial octagon.
for each scalpel you bury,
a dollar goes to
the governmental development bank.

scalpel, for each cenex you find,
we will return a data.

bury them all
because you are born from an egg in braille
:the earth is for burying the feet,
for warming and compacting
the fairy teeth:

"a material substratum will always remain"

scene 4:

cenex discovers there are multiple nothings,

                                 like multiple infinities.

no they aren't double nos,

more like nothings each one excluding the other completely:

the nothing of impossible numbers,

the nothing of incommensurable fractions,

the nothing of honey anthills

—quartz of snow and piss—,

the nothing of pink plantains,

the nothing of return,

the nothing of my frozen hands they've cut

and i carry like a rabbit's foot.

cenex discovers there are worse worsts.

scene 7:

petal by petal, odette irons the flamboyán. in the reliquary, a mix of jasmine and elizabeth arden. her last dyke descendant gets married far away with the lizard body of the willow. some egg in some boiling. some house sold. the walls, asbestosed. the catholic channel at full volume. the amount of pain in the skin, incremental. it accumulates because the pope has said that this body is carnal. the debt, carnal. the hand of the pope, sacred. perreo, carnal. the bolitero neighbor, carnal. the hill where the water tank sits, carnal. the statue of the virgin, sacred.

scene 8:

cenex injects themselves with hibiscus.
they only want to mix rum and milk,
inject themselves with as much flowering as they can find between
crag and flowerpot,
       sell fruit at the stand,
           close the stand due to the rotten fruit law,
              inject themselves with metal and tent,
freeze the water, be an ice-seller,
sell cement balls to the government,
sell pinchos, horchata, maví,
sell souvenirs of puerto rico:
       bills, tendencies to run on behalf of the people,
        char tires, sell collections of rubber bands,
           lottery of $5 for $15m,
              lemon for $50, and they pay you with iou,
       trade iou for iou for iou,
sell services for cleaning yards of ious,
subcontracting oneself to clean the streets of sellers
without sell-out licenses,
judging while high because there is no harmony,
because we're still alive,
and the tame hibiscus lasts
beyond the next payment.

scene II:

cenex interrupts mass:
binges on wafers, is poisoned by the blood of god.
cenex interrupts their ascension
to preconceive a world without debt.

they cut their reproductive organs like so many unused railroad cars,
saying you don't qualify as a woman until you've passed the three tests
of the national conservatory.

> they prefer to suction all dialogue from their bowels,
> cut off the euphemisms like additional organs,
> mosaic the face of god with cheap paint brushes,
> erode, erode, erode,
> interrupt mass with an etymological breakdown,
> read the names of the murdered sisters,
> pontificate about the meat industry,
> defend themselves against the piercing tedium
> of colonization.

scene 12:

puerto rico turns on its fireflies
in order to appear:
an anxious light on the world map.

scene 13:

cenex verifies that y'all have died.
your blueberry juice in the hallways that drownpretties.
gatherer of dead hummingbirds,
you'll make blanket borealis of nibs,
piles of newspapers in your apartment 3A.
if you cut the grass, the ants will come out of the fissure.
if you open the curtains, there will be experts dissecting
like domesticators of chaos.
tell them to fuck off and let's get a drink.
it's on me.

scene 14:

cenex procreates with their ghost
who says:

you can cry. here we all cry.
no one will judge you.
if you feel you're losing your island,
if you leave, if you stay, you can cry.
you have a right to hate your oppressors,
a right to take off your socks but not your belt,
to collapse like an edifice of contract on the short route.
to dissolve words.

final scene:

my mother says she is too demoralized
to write poems about the debt.

her hand squeezes my dislocated heart.

she asks me if i've read the poems she sent me,
if i liked them.
                    they're short.

i like them—i say—
her poems about the debt.
                    are long
like mine.

they're the same. she says and we cry—
so as not to kill—each other.
exactly the same.

[my mother never says this, even when yes she says she can't write poems
about the debt but doesn't explain, even when yes she cries and squeezes my
heart, even when yes she writes poems that are, like mine, about the debt,
even though she doesn't say it in the poems, they're all about the debt, even if
i never ever say these words out loud, even then.]

"this part of value does not enter into circulation"

our souls shine like nothing
in the stark everywhere.
inevitable shells to sand,
worthless as the sum
of all tire tracks hunted,
like rustling distinct
where nightmares shed snakes.

they walk in uninvited to drink my coffee.
my cousins eye them.
my mother comes in
to pull them out by their root
of shame.

will you arrange my flowers?
i leave you this setup
ready to be lost, but burn
my papers if i die.

THE DEBT-CIRCULATION PROCESS

"to purely understand the forms,
we must first abstract the elements
that have nothing to do with
form exchange and constitution."

(highest stages)

when i read marx's capital i was 16 years old.
at the meetings we discussed breaking fences in vieques,
and decided how our next interventions would be,
how many papers, if they were reformists or de cuadros.
marx explained the inevitability of the revolution.

coño, i never felt like i felt that day
we ratified the vote to strike.
i was 18 years old, i hadn't eaten
more than an apple and an oatmeal bar,
because when i didn't sleep, i entered higher stages.

i dreamt the cops burned my socks
in a bonfire and my marrows carried poisons.
if they broke a bone, they'd assure my death.

i read various texts by trotsky where he said
that art was autonomous
and that workers couldn't create art,
but i didn't believe him because i had common
and the scratched blackstar cd,
and because mami and papi were cocolos.

over the summer, i binged because i hadn't eaten.
i slept with a man that threw me out

and i moved to new york.
i had read marx organically.
i dreamt the cia invaded my house
with open arms.
in their hands they had bloody cotton balls,
and said: *your mother is dead.*
but the cia never came, only bills and bills.

i preferred to be broke in puerto rico.
that's why i came back without doing all those things
i considered (as always) quite seriously.

i remember that first time i read marx,
i wanted to be marx and also wanted him to like me.
that was the most important thing:
that carlitos like me.

(original bromancy)

with your revolutionary beret and your futurity pliers,
you're the camp's pentecostal bromeliad.
you clean the feet of my potential.
you make me the supreme jeva of the commune.

in the rearguard is the flood zone where,
in exchange for a basket of plantains,
we give out pamphlets.
in the rearguard your barefoot woman plants station wagons
and the horse knocks down the fence.

this conference is dedicated
to the piraguas of the fountains,
those angelic snouts.
your pistil honey arches
and down to the beach
runs the sacred piss of your origin gene.

lenin would say *¿qué es la que?*
but you give me a direct quote,
without lubricating communism's entry.

(natural selection)

at the home of the separatist josé,
those who often hold secret political meetings.

she watches the cars that wait near the curve
for more than three minutes.
she says the phone rings and no one speaks.

apparently she has love affairs with one of the young men
and he has found this act suspicious.

in my cell we blindfold the novices.
i read out loud about the crisis of the market,
i ask them to name three girls who have
diversified the revolutionary portfolio.

we debate whether or not we should love each other
or if love is a bourgeois sickness,
but that one in the car contemplates
whether these compañeros are friends or couples,
according to the frequency of their encounters.

they moved to work and study
for their masters degrees at madison,
university of new york.

we don't know if new york
is bigger than madison or smaller than chicago,
but that one in the car wants a *maveric*
and a promotion.

we discuss how to identify double agents.
the double agent suggests
we draw straws.
the straws in my house
are beheaded like quenepas
:*collectivized*:

in the closet there is still carpeta.
mami asks me if i have a girl or a friend.
it is still a suspicious act
to be in love or write poems.

(necessary impossibility)

i don't remember when i left behind
many terms or traded them for others.
or when i stopped thinking poems
had unlimited potential,
that a chair could do infinite things,
but never fly.

nor do i remember when i wrote for the first time
that i wanted a flying chair,
a flying throne,
so i could be reinx of bats,
nor when i stopped believing that solidarity
had limited potential.

i also don't remember when i knew
not everything was poetry,
but also poetry wasn't all poetry,
nor if ever
i could explain this with clarity
or have it.

i remember i've always had
poems that are more like poems,

poems that are more like people,
and poems that are more like solidarities.

ay, but sometimes i stay with the old terms
because they've shown me so much love.

"the commodities can't go by themselves to the market"

my stepmother says it's time.
i have to give birth outside the christian academy.
i'll turn in my wine-colored polo
and my schooljawn ponytail.

my father feels disappointed
that i didn't sue la inter
and i show up at protests
without a freshmart pizza.

i didn't visit my other grandmother
because she believes i'm confused.
i refuse to tell her
i'm marrying my girlfriend.

they scold me for believing family is optional.
here they pay you in love without returns.

after orlando, they never called us.

there is this thing called family obligation.
we share so many centuries of knowing each other
and that enemy that doesn't care.
i'll defend you, distant aunt, from the investor,
but will you leave my corpse
lying before the door of that hell
where i discovered i exist?

"nor exchange each other"

i want to buy the house
where the businessman killed his wife.
it's seven minutes from the beach.

no one tells me the little girl waited in the room,
sitting still.

no one talked to me about the aguacate tree's suicide.

the business went bankrupt.
no one tells me they gave him a beer
after he called her father:
come get la nena, i killed your daughter.

where is my call?
there is no way of knowing
if the flamboyanes can break
the septic tank with their roots,
if the phone will ring at all hours,
if the girl will cry *mami.*

the federal government (re)possessed the house.
no one wanted to sell it.
it has a beautiful marquee,
good for organizing parties,
and it's selling at a reasonable price.

"second stage: productive consumption of the
purchased commodities by the capitalist"

if you undress on la noche de san juan,
the memories of raped mermaids
will sink into your sores
and for the rest of your days you'll have to sing
poems dedicated to lost lungs.

inverse evolution:
let's return to the sea.
those who don't know how to leave their loot on the sand
will drown in the air.

"[downpour of] evanescent elements within the cycle"

a plastic fork in the purse will serve for something if the service arrives so
they can finally pay me in renewable cards if they don't cut the light they can
incorporate my employment to the end of the march if i am able to forgive
my sister for her husband arrived at six and where were they it's not the hour
it's who they were with return the keys and i'll pick you up but before you
paint the flag in mourning your hand isn't free you'll understand one day why
we've done it under the accent a bomb stops detonating and i disarm it i don't
have much time but pass the high that i've forgotten if you happen to pick up
the rubbish take out the trash because the frogs will come in if you devour
the orchids since it is late and they will have closed the building or collapsed
perhaps on the sand without knowing if they'll kill me against the mural or
if leaning i'll fracture luck without losing movement close the car and leave
quietly if you don't know how to keep thinking about books or saying let me
go to work you left the clothes with your ex-husband who without a doubt
uses it to detect perfumes but how will you wrap yourself with the quiosco
like a ball and stick without feeling eternally grateful you can't even survive
the month and you know that nothing is worth anything if you don't learn
to fight they weren't armed but still the floor still the news sit here now don't
drive down with the downpour to ponce they've all gone you didn't know they
won't come back stay calm they're coming they said half an hour ago i have a
ticket because i ran a light without looking and what will happen if they kill
you without a seatbelt and without headlights qué peligro for you to drive up
at this hour and people drunk if the body had no id i'm not understanding
you close my inside inside

"what is most characteristic is not the form's irrationality"

if only it were possible/
if it were something like access control like/preeeep/
to be able to make flow from fb's snapped safety pin/
news about mayagüez that says/

> *here were born the magnanimous the locally famous/*
> *and tentative frituras/*

for them to pay attention/that the closures of schools/
would matter more than the fokin supreme court/

which said *oppression* but hasn't known for some time/
how to travel without clubbing with preferred crews/

gloveless error/

performance of solar suit/disneyed somersault/
three shines and another world/the possibility of being born/
in puerto rico/of whole-throatily hating the gaps/
between teeth through which smiles break sweats/
trying to word the inkwell with bite/

who has told you it can't be?/
if not your prisoner expanses/
or your onioned torso/
this form/they say/

is the belated sacrifice of burning the letters/
of the lover that sold your secrets/

perfect your hatred/memorize the lines/
that compose your deification/

ornaments are only indifferences that hide/
the secretive thumb/

if a hundred cops meditate in a park/
there is no peace/there is additional time
to acquire a countenance

for each poem you write ~~about the debt,~~
fifty eight unicorns meet at the bottom of a pool.

every time you write DEATH TO THE COLONIZERS,
a golden coquí is born.

each time you repeat:
VOTE FOR *THIS* IN A COLONIAL ELECTORAL SYSTEM,
a golden coquí plants a ceiba.

for every two compas that jam the cogs of the oversight board,
the coconut flanes and the alcapurrias duplicate.

each time ~~you believe a woman who's been raped,~~
a teen of trans experience acquires his hormones.

for every verse that curls up in my people's chest,
i win five libraries from the enemy.

for each opportunistic politician you behead,
my faith in the educational system is restored.
ha! no, teacher, the faith in us.

for every song you dedicate to marigloria or ángela,
we recover a little piece of our history.

for each seal of solidarity without remuneration,
a diamond becomes a hummingbird.

every time i gather my skins and caramelize them into poison,
i recover my name.

each time you repeat *iván* three times into the mirror,
he'll come back as a specter to wreak vengeance on his assassins.

each time you repeat *iván* three times into the mirror (2),
he'll be joined by the specter of jorge steven.

each time you repeat *iván* three times into the mirror (3),
the wind will become projector transparencies,
that will become broken windows,
that will become airs frozen by the gyres
of all those tortured by la comay.

for each (there is only one many times insisted)
debt you don't pay,
you are donating a hundred flying hammocks
to the victims of neoliberalism.

for each miscalculation,
you save a bay.
for each bay you save,
we give this island

an anti-cruise ship of hope,
and we sink all the cruise ships,
and we sink all the cruise ships.

passing

"the money appears as mere evanescent medium of circulation"

→ postponed

i'm pained and palpitate because we are adjoined.
if you say girl to my girl, you know what's up.
if you say boy to my girl, i mean,
if you don't know and you say boy or girl to my personification,
you know what to expect.

the proximity is sufficient.
you owe me fifty pushups.
we've established a system through which
if you fuck with my loves, i'll split your nail. *→ punishment*

the crescent moon is a nail of the wafer eaten
in the name of all,
        your flesh. *→ alter oneself*
to transmute is to name ourselves.
i become your boy when calling you girl when you are girl. *why so much*
i becoming (you)r boy when calling you boy cuz boy we'll be. *gender usage*

if you don't know how to say hi without the fedback pronoun, *?*
it's best you don't though really.

i dizzy and shelter
        centipedes a thousand cricas or bichos as much in organ as in
                animal you are
                        your jellyfish my salt i've been
                                thrown fossilifierce of stone your hands shells on tracks

of mouth anemones or goats you reproduce with the wind
or you don't move or kiss center of no i won't
call you

> they gave you name.
> decided collectivities.
> you didn't have time or money
> to fill out the form
>> for change.

i palpitate syndrome syllable joint
velocity number whatever difficulty you dictate

if you say earth to my tenderness, you know.
if you say it with tenderness, the same
as begrudgingly,
or change n for ñ in coño,
or believe ll is limp-haired,
i'll split your splitting.

adjoin yourself from the body you aren't
with me.

*"through the opposite act of circulation, or
the inverse metamorphosis"*

for my queerfolk

t. and j. give to ochún
50 moss plums and a thirded beer,
so that the 50 or so hearts
—*open number i will hammer to me*—
will sting brackishly
the lemon made peel of this chest.

today they killed more lorcas than yesterday.
today june twelfth.
today june 12.
but still g. m. and l. cleansed
and lit their wax dildos.

in puerto rico there will be no clean water.
today june 12.
today june twelfth.
but still gaddo, max, and leone
diminish their nailless fingers,
cleaning their hands in their mouths,
cleansing ritual with the saliva incense of our mass.

in puerto rico 117 hydrological stations
will cease operating,
but we keep operating,

the jevos of alterity,
lacrimals of pigeons,
turning in our grime
to heal this world of its purity.

i bathe [with water] i adjust my tie
the eyeliner runs my hands [in the water]
my lipstick [in the water]

there is a problem
says rafael rodríguez.
in puerto rico the clean water
will come perhaps, like corretjer said,
bloodied,
or maybe it's that
our never clean blood
carries its viscosity with the rage
of 50 asses
of penetrable pleasure.

as i write this poem,
i wait for the living to get here,
to cluster us, to arm us
(against the state) and its
privatized agents,
to love us against the state.
fuck fuck fuck fuck

i will bless this night with (jello)shots.
i will arrive at the thirteenth of june,
without june 13, dirty, and burn
the confederate flags,
the american flag burn
your programing.

my being queer future is here.
while j. says they're on their way.
while o. says they'll get here soon.
while t. says they're sick,
but will get here before 10.
while s. says they want to cry standing
before some building with a sign.
my queer future hates the u.s. geological survey
in inglés and español, the mess
of this day in my dry mouth,
but i keep spitting in the face
of all who want me dead.

r. says it's *too much*.
today it's too much to live,
but more too much to die and kill
before letting them do this again.
defending the water in all its forms,
i'll cut my palm for the pact.
i'll enter it to get bloodied as well.

my loves arrive and arrive.
also on twitter and whatsapp,
we swear to the water we'll be unclean,
go to bars and dance.

today all my perforations,
projections dismantle the walls.
we share veins,
regrets with water bombs.
fuck fuck this fuck all this
get here. get here now.
the door is open.

NOTES ON A DERAILED CIRCULATION

"if it fails, it's the possessor who will get burnt,
not the commodity."

"if they refuse to be taken, he can resort to violence
or, in other words, take possession of them"

i.

how are you, love?
do you know what's happening?
is the south still as always never?
do they still seriously consider my death?

two blocks from here they filter the light oranging
the flags and flags tone the wind:
                the only rupture of this night.

the fourth of july *go back to your country.*
the fourth of july with wine and a broken glass.
if by law puerto rico was a commonwealth,
by law puerto rico returns restructured.

here i ask myself if the bricks withstand the firecrackers.
for example, will there be fire and will they burn my trash?
i'm sure one neighbor hates me because he's a neo-nazi,
another because paterías transcend
                the membrane that divides us.
another says she admires me
being the way i am.
which of the many things i am not
labors to forge these admirations?

ii.

of course of course my death.
with the finality of one who decides
if they want chocolate or ice-cream.
perhaps this commonness confuses
—chocolate ice-cream—the forms
of my death.

the full combo

we undertake a touch,
a hit and retouch,
called war or peace.
it's war when
two houses both alike in dignity pass
       thesamesentence

iii.

the circulation of machine guns in *compartires,*
sharing forever *conmártires.*
the accent retreats toward a collectivity.
it wishes to feel pain but doesn't drop the stare.

if i say *don't kill us* and you kill us;
if you say *don't kill them* and they kill me;
if they repeat *don't kill them* and they kill them.
THIS DEBT IS PAID WITH BLOOD
read this as a contextual palindrome.
but it isn't a debt. it isn't a debt. the state isn't charging.
there is no reciprocity.

iv.

the 4th of july is gone.
i plan repatriations,
somersaults of revolting door.
i try to drink coffee,
not think about the dermic penetrability
or the word "fragility" as a pejorative.

no one wants to be vulnerable
when there is a pacification war.
vulnerability, like poetry,
is a promise:
if death says hi,
i can feel fear.

i attempt attempting
the stones i am,
the water that leaves in clouds,
the narrow drought
of these south philly streets.
without trees, i try
to suggest a future for myself,
without falling in a loop.

what self-harm do i inflict
when i write about the debt,

chewing my tail,
extracting rubber from serpents
of a sin i carry like another's conscience?
how can i curse these words,
the church that raised my grandmother,
the finality of my impossibility
as a subject,
      my existing like an error,
          my daily persistence?

v.

i tell my students that dreams like literature are snitches these ideas aren't
mine i tell them there are codes and repetitions that keep hurting with no exit
and have to do with being outside time as if time had an inside what is the
inside of time like? does it have the hollow rigidity of a dead branch?

i dream of a room.
this room doesn't have a pool.
the pool it doesn't have
doesn't have a notebook.
this room isn't apt for children.
the children it doesn't have eat alcapurrias.
the alcapurrias don't have flavor
because they are in the room,
nor dimension,
because they suction the mouth.
really really
they have fangs.
in my dream, someone tells me
i need concept to deal.
i can't capture the corners of the blanket.
each time i have one, it duplicates into walls.
in my dream, they distribute the sea to investors.
in my dream, they sell el yunque.

out of my dream, they sell el yunque.
for real, if only it weren't for real.
i'm not sure if i'm dreaming in the dream,
if it's a poem, or if i'm dead.
in all three incarnations,
i feel there has to exist
a bettered dimension
that i lost in the future,
but really i'm sure that really
the dreams register
what we lose
of hope.
in my dream, they clean my toilet with naled
i climb the stairs up to the roof,
where they spread a glittering rug.
i ask them what it's made of
and they say the teeth of executed mermaids.
i suddenly know that in the sea they also have
prisons made of sea urchins and red coral
and push heads into the air
as punishment between punishments.
my students show up,
with their food, to lie down.
they say divine things about the sky,
the night, and the city.

i'm supposed to explain
how they killed the mermaids
with an educational calm
and speak to them of dreams,
the origins of fear,
and history.

vi.

in my puerto rico, we print from within the ink.
(my mother can't swim)
in my living room, the mosquitos gather.
(with/without/against zikadas)
the creepers grow between houses.
(the dog kills the pigeons)
the cloths scream like firecrackers.
(cavern-slides flood my hostels)
the earth, like the rain,
detaches me from memory's omissions.
(coming back means submitting myself to love)
i know who i am like the irrelevance i inherit.
i write little gathered papers.
(the text incites me to disappear)
the lipstick of this, my puerto rico:
fact that indicates this color
looks too—yeah too—strong.
(my mother can't lie)
yesterday the war rips down flyers.
yesterday, like today, they need ice
at the camp against the board.
(in september the members say hi)
war is to keep loving the super doppler max.
infested by bats, it exits the hell/panadería
and plants a nest by my window.

(at night the rain tells me tells me tells me)
in my puerto rico, war is grocery shopping,
is watching the news in the afternoon,
is the finger in humidity palpating
the cuir penetrability of the bus stop,
now not so much a wait
but rather an in and out of hope.
(yesterday we left the keys of war in the gate)
peace is give me peace woman give me peace.
(peace takes place desperately)
(each time i'm back)
(each time i stay longer)
(each time more and more finally (stayed)(enough)

*quedá doesn't translate qué da (tampoco)

vii.

(letter for una amiga gringa)

there are some puertorriqueños who sell us out. there are some
puertorriqueños who make money selling us out. there are some
puertorriqueños who are republican. there are some puertorriqueños who
are democrats. there are some puertorriqueños who agree that we are lazy,
uncultured, ungrateful and ugly. there are some puertorriqueños who give
diversity talks and explain that blackness doesn't exist in puerto rico because
we are *mixed* and that is *culture*. there are some puertorriqueños who claim
that spaniards raping the peoples they conquered makes us beautiful. there
are some puertorriqueños who claim we are naturally more reserved because
queerness is an imperialist importation. there are some puertorriqueños who
believe dominicanos are ruining puerto rico. there are some puertorriqueños
who think i am beautiful because i am a white puertorriqueña. there are
many gringos who have no idea i'm a white puertorriqueña because aren't all
puertorriqueños a culture and isn't that *emotional* and *beautiful*?

> *la mayoría de los miembros de la junta son puertorriqueños, reflejando el*
> *compromiso del presidente de asegurar que los puertorriqueños estén bien*
> *representados*, says the white house, says we are represented by these
> puertorriqueños.

MÍSTER CARLOS GARCÍA Y MÍSTER JOSÉ CARRIÓN
SON REPUBLICANOS PUERTORRIQUEÑOS.

MÍSTER JOSÉ RAMÓN GONZÁLEZ Y MISI ANA MATOSANTOS
SON DEMÓCRATAS PUERTORRIQUEÑOS.

MÍSTER ANDREW BRIGGS NO ES PUERTORRIQUEÑO.

AHORA MÍSTER ARTHUR GONZÁLEZ
ES MÁS PROFESOR DE NYU QUE PUERTORRIQUEÑO.
LE GUSTA CAMINAR POR LA PLAYA DE NOCHE
Y RECORDAR LA ÉPOCA EN QUE COMÍA CARACOLES.
SUS ZAPATOS SE LLENAN DE ARENA.
SOMETIMES HE FANTASIZES WITH LEAVING IT ALL
AND RETIRING TO A NICE BEACHFRONT PROPERTY.

HERE IS THE PENN PROFESSOR DAVID SKEEL (CABRÓN Y NO
PUERTORRIQUEÑO). he writes books on bankruptcy in detroit, christianity,
and the law. he believes we can heal this broken world with faith. according to
amazon, his book, TRUE PARADOX: HOW CHRISTIANITY MAKES SENSE
OF OUR COMPLEX WORLD, promises the possibility that the existence of
GOD could make sense of it all. i never want to read his book, but i worry it
might hold some order, a key to decoding who gets cut/first.

young amerikkkan boyz like míster skeel dream of going to law school.
nerf ball skips across the water slide/ first/ cut/ first accident/ what happened,
david?/ where is it?/ does it hurt?/ transparencies: the steeples lean/ passes
bio/ history of this country is be kind to your citizens, but read the clauses/
if you are too young to enjoy goldfishes/ a lunchbox with superhero red/
carving pumpkin fields/ under the bed is another country/ mommy, they
come in/ scrape across my knees/ the monstrous peoples that go tapping,
tapping at my chamber door.

boys like david tell their teachers they want to become cops, or better, make
big money and do good. i knew little david. he was on nick at nite. he dreams
he is wandering some hall, chased by colonial demons. when you are big,
david, you will rule my country, if you are go(o)d. you will get to lower the
minimum wage, cut hospital budgets, and close down schools, if GOD is
good, you respect his wishes, and love your country.
david knows this will be, because he and GOD are TIGHT.

MÍSTER GOD NO ES PUERTORRIQUEÑO.
MÍSTER GOD ES PUERTORRIQUEÑO.
MÍSTER GOD IS THE CONTROL BOARD'S NINTH MEMBER
PORQUE EL MIEMBRO NÚMERO OCHO ES PUERTORRIQUEÑO
Y COMO SE IMAGINAN NO PUEDE VOTAR.
IS OUR ILLUSTRIOUS GOVERNOR RICARDO ROSSELLÓ.

there are some puertorriqueños who fight everyday against u.s. imperialism.
there are some puertorriqueños who fight everyday and still decolonize like
it's lunch time. there is love. yes. there is mayagüez.

yes. when it hurts, i talk to puertorriqueños, even when there are some puertorriqueños who are oppressors, even then, i still talk to other boricuas. even when i hear you, talk to you here, amiga gringa, and know you would fight for me and i for you, even then, i talk to k, e, r, y, first. this is not a culture. this is home.

i'm tired of being tired. i want my friends not to work so hard. i want the rivers to be protected, the golden coquí to survive the limitless sprawl of walgreens. i want to fight the cops, read poems in a tent in front of the federal building, and then i want us to dispossess it and chase out the vultures. i want hope to be more than a motif. these words weigh more than all your books; more than the house, the coffee, the work itself.

this year, the old imperialism changes into its swimsuit, but when i am in a poem, i know the poem's moon will know me aunque naciera en la tierra. in my poem, i poem(v.) of killing. my friends warn me that even words in a poem can be used as evidence in a court of law, but i remind them that all laws en un poema puertorriqueño can be overridden by the oversight board according to SEC. 4. SUPREMACY. subsection (18) TERRITORIAL GOVERNMENT. (B) EXCLUSION.

for miguel hernández
"lunar expert"
"luniculturalist"

if the moon is polyhedron after crop,
monticule of domes,
surface pitchered,
pentagram inflated,
dimension added,
upon dying they'll say the specter is the dimension (i)
of existence: the tertiary.

levitation to the other luminary in order to enter
its bones

        of frayed cheese
        gofios=pyramids(+)spheres.

the earth in the moon is (lime)ass—
—calculation—of the sun.
the earth from the moon:
        a seesaw.

this is superseding yourself (fascism),
this is superior (franco),
to go to the outside of the other planet
called moon for being secondary
like the so queer desire
of the girandole.

there is no gravity in the barracks.
everything floats like corymb.

the trajectory exists between earth and moon
called crop or nothing,
the huevona sonority of the drum that captivated,
that captive,

the earth you occupy in the center of the polyhedron,
the synonym folded like onion.
for you on youtube, the same for you in the future #.
miguel hernández still at the border this time
how did you know.

the tweezers and/or the needles we have slicked back
the dentures to 140 calligrammes.
a conterminousness bene(viole(n)t)
because of miguel hernández.

i believe in knotting us
and having gridded with diamonds
the hooves.

por diosa kill the roach.
marry yourself to us lembeputrids of luv.

figure out what we'll do ¡the arms!

figure out the codes to break them
on my knee or with my teeth
rip the tag off the ship.

"the primary"

at first sight, a commodity appears to be a trivial thing,
immediately comprehensible,
but every good thinker will see that it is a demonic object.

the abacus (re)counts how historiography is the art of objects,
how they became ours, how we became.

vinegar, oil, dried vegetables, codfish,
these are the metaphysical subtleties and theological reticences
of belonging.

candlewickly centered and lit,
our character fortifies the essential.
carlitos explains that regarding use value
there is no mystery,
for it satisfies human necessities,
and the human is no mystery,
nor is the animal,
nor necessity,
which is obvious.

don't believe this is orthodoxy.
it's that we are so concrete
that if they throw us in the sea
we go to the bottom most bottom
of all the state's barrels.

the demonic commodities
(forgive the redundancy)
are sensorially suprasensible things,
according to the book of the infernal circulations.
the tables dance bachata in the segment titled
the fetishistic character of the commodity and its secret.

the paipays in flames,
the bouquets of birds of paradise,
the treetrunk and the curtains mutually registering,
the filaments of thread and bark:
the hurricane is not a metaphor.
even the possessed circulation
is none other than the labor of the wind,
geological processes,
and the fury of the epoch's spirit.

"the term 'puerto rico' means the commonwealth of puerto rico"
- the PROMESA bill

the brain's *expenditure*,
the *duration* of that expenditure,
the *quantity* of labor,
the difference between the *quantity*
and the *quality*.
the term *puerto rico* signifies
the externalization of the measurements,
the quality of a secondary citizenship.
but there is no
term called *puerto rico*
because there is no *duration* for the termination.
the *quantity* of (ex)terminations *puerto rico*
in the body and its time of universal labor.
those terminals of the ears of dead star in english,
ships of stormtroops and rebels.
if by chance i am cinema,
only measure me according to the difference.
to be the secondary
is to come out as a the production of the means of subsistence,
is to find out that the state of development
is substandard.
i become deranged in *social* form
as soon as the defunction begins.
a physical relationship between physical things.

we'll discuss this in *puerto rico* terms
as soon as the interpreter of phantasmagorias arrives.

terrible animal

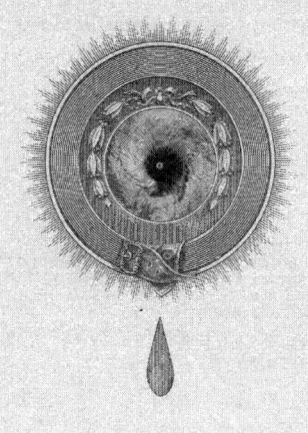

"the worker is limited to producing the value of his labor power"
(the longest fall)

i say i love you so many times that it burns my trachea.
the words are a magnifying glass
bringing me closer to the sun.

i love you.
we love each other.
here who remembers love?
if poems fly, they are moths
fleeing from editors that swing torches.

they come out of my ears,
seafoam
that screams and moans,
anxious because of the hour,
standing in an interminable line,
under the heat without clean water.

cochleaed, your voice fans me, mamá,
and your absence asphyxiates me, abuelita.

torches that can't be raffled,
phones, fleeting objects,
a chaplin film,
but the chaplin that passes by la mágica
and reminds us that it is a bookstore.
objects! flying objects that fall from a sky without foodstuffs!

objects that fly through the air
crashing against memories!
notes taken in a 100 by 35 mile cell!
poems! gutted gators!

the moon fits from san juan to mayagüez,
even when it's puertorriqueña and minisculely immense,
even when i want to kill myself in exchange for an island,
but ay they need me! ay they need you!

(((tell me gringuita, where do you hide your heart, that poisoned apple?
who edits your velvet face, your invented day like a straightened wake,
bookmarks between two pages named river and sky, coast and house, rain
and drought?)))

cannibals, this is a call to action!
let's devour the hearts of our benefactors!
breadless, let's cook the thin fingers of the humanitarians
for whom we are a crisis!
let's drown the colonizers, even if blue and red crosses
hang from their chests in hospitals without saviors or lights,
with faithless nuns that wordfill death!
the help we need is freedom!

the añasco bridge crosses me
because i am water,
because i am contaminated,

aha aha thank you.
miradero is surrounded by ruttings.
the most traffic jam traffic jam jams down
from the naked branches.
i can't help loving my people with the fever
of one sick and without meds
in a hospital of san juan,
in a bed, in a house
on some block of some town
that screams like i scream,
let's devour the colony!
let's vomit screams
with a tempested terror!

ay, but call, abuela.
call today if you can get a signal,
or enter at night through a dream.
tell me you are alive.
resuscitate me.
i want to hug you.
i want to grow wings
and fly to your nest,
up there
where the water can't reach us.

ACKNOWLEDGEMENTS

i'd like to thank *Waxwing Literary Journal*, *ATTN:*, *Femmescapes*, *The Wanderer*, *Apiary Magazine*, *About Place Journal*, *Elderly*, *Noble/Gas Quarterly*, *Queen Mob's Teahouse*, *Boaat Journal*, *The Brooklyn Rail* and *smoking glue gun magazine* for publishing early versions of some of these poems.

thank you ura for the beautiful introduction and josé ortiz pagán for the artwork. thank you mami, ricardo maldonado, denice frohman colette arrand, angel dominguez, ca conrad, ginger ko, vanessa angélica villarreal, gaddiel francisco ruiz rivera, eiríc, nicole delgado, julio ramos, angelia rivera, gabriel ojeda sague, carina del valle schorske, and so many thanks to the editors at noemi press for giving my book so much care. i'm also grateful to the national book award committee for choosing this book for the nba longlist and the lambda literary award committee for seeing this poetry as what it is, trans, queer, and decolonial.

i also want to give a shoutout to all the folks who bought the book, read it and felt its call, especially the boricuas. i live for y'all.

i always forget someone, so for those i've left out: <3